万卷方法®

□ 本书系2020年教育部人文社会科学研究青年基金项目"中小学社会主义核心价值观教育的现状调查与效果评价研究"（20YJC880096)的阶段性成果

质性探究、真相讲述与研究责任：

一位方法论学者的思考与批判

（Aaron Kuntz）

[美] 亚伦·孔茨 —— 著　　王熙 —— 译

重庆大学出版社

学者推荐

"这本方法书让福柯在批判唯物主义之时能更好地对抗新自由主义与探讨研究中的伦理性行动主义。"

——派蒂·莱泽（Patti Lather），

俄亥俄州立大学

"在讨论方法论学者的责任和质性探究作为一种政治行为时，我们终于有了一些值得引用的地方！这本书提供了结构良好的论点和可爱的理论见解，这些论点与见解关系到那些认真对待工作的方法论学者在处理方法论认知以及学术问题时如何去超越程序的问题。我强烈推荐这本书给以下人士：有兴趣拓展自己对于研究方法教授者与研究者在方法论责任方面的观点的人。"

——米尔卡·卡罗-永伯格（Mirka Koro-Ljungberg），

亚利桑那州立大学

　　"亚伦·孔茨对技术官僚式的社会科学方法论进行了犀利批判，这种技术官僚式方法论既忽视了其历史和政治牵涉，也忽略了其理论承诺。他提醒我们，方法论只在特定的认识论结构中是可思考的（或不可思考的），不能像在教育领域中太过常见的那样，被随意地从一项研究套用到另一项研究。"

——伊丽莎白·圣皮埃尔（Elizabeth St. Pierre），
佐治亚大学

作译者简介

亚伦·孔茨（Aaron Kuntz）

亚伦·孔茨于马塞诸塞大学阿姆斯特分校获得博士学位，目前是美国佛罗里达州立大学教育与人类发展学院的教授，并担任心理咨询、创新与学校心理学系主任。孔茨博士的研究致力于发展"唯物主义方法论"，这是一种从五十余年的批判理论、后现代主义和后结构主义思想中继承观点的知识生产路径。他将自己对方法论的理论化探讨用于以下领域的实证研究：K-16体系中的教育研究、高校教师工作、高等教育机构中的行动主义，以及建筑环境对学习过程的影响等。他的研究兴趣涉及批判性质性探究、学术领域的行动主义及公民参与、批判地理学与教育哲学。

孔茨博士的论文广泛发表于《质性探究》（*Qualitative Inquiry*）、《文化研究》（*Cultural Studies*）、《批判方法论》（*Critical Methodologies*）、《语言与政治学刊》（*Journal of Language and Politics*）、《高等教育学刊》（*Journal of Higher Education*）、《高等教育评论》（*Review of Higher Education*）和《高等教育政策》（*Higher Education Policy*）等高水平学术期刊。他与其他学者合著的书籍包括《致力于高等教育中的公平的质性探究：方法论影响、协商与责任》（*Qualitative In-*

quiry for Equity in Higher Education : Methodological Implications Negotiations , and Responsibilities;Jossey-Bass Press)、《引领动态学校:实施伦理性教育政策》(*Leading Dynamic Schools :Implementing Ethical Education Policy*;Corwin Press)和《公民教育:全球视野与本土实践》(*Citizenship Education : Global Perspectives , Local Practices*;Routledge Press)。

2015年,孔茨博士出版第一本独著《具有责任感的方法论学者:探究、真相讲述和社会正义》(*The Responsible Methodologist :Inquiry , Truth-telling , and Social Justice*;Routledge Press)。这本书获得美国教育研究协会质性研究兴趣小组在2017年年会上颁发的荣誉奖。

王熙

加拿大西蒙弗雷泽大学硕士,英国剑桥大学博士,现为北京师范大学国际与比较教育研究院副教授,多年来以文化社会学视角切入教育政策研究和价值观教育研究,一直承担质性研究方法和话语研究的教学工作,在 *Comparative Education , Compare :A Journal of International and Comparative , Educational Philosophy and Theory* 等SSCI期刊发表论文多篇,出版专著《中国跨文化理解的话语建构》(*The Discursive Construction of Intercultural Understanding in China*)。

致　谢

我要感谢阿拉巴马大学给予我写作本书的时间与支持。如果没有大学给我的休假，以及我作为教育学院教职员工多年来所享受的精神交流，这本书就不会产生。我也感谢那些在过去几年里参加我的质性探究专题研讨会的研究生——在那些课堂讨论与走廊交谈中，我积极地思考本书的章节，这些学生促使我进一步完善我在一些重要领域的想法。

我要对国际质性研究大会、美国教育研究协会、美国教育科研协会和东南教育哲学学会表示感谢。这些协会的年会为我提供了一个空间，让我在一群充满激情、积极参与政治的学者中尝试分享本书的内容。

我将永远感谢左岸出版有限公司（Left Coast Press）的米奇·艾伦（Mitch Allen），他在这个项目形成的早期阶段就看到了它的价值，并提醒我，我的书会是"一本值得一读的好书"。如果没有米奇与我进行"例行"的会面与电子邮件交流，我真的无法保证这个项目能完成。

非常感谢凯利·古耶特（Kelly Guyotte）在（英文原版）每章开头的图标上所做的艺术工作。感谢米歇尔·伍伦（Michelle Wooten）帮我整理参考文献。

我也感谢阿什利·弗洛伊德（Ashley Floyd），她提醒了我，深刻的哲学学术作品应该是什么样子的，并在我们讨论参与性教育工作、学术行动主义和对未来积极社会变革的信念的细节时，牵着我的手走了很长一段路。

最后，我要感谢我的三个孩子，安娜（Anna）、奥斯卡（Oscar）和奥利（Ollie），感谢他们在我的生活中产生了创造性的影响，并教会了我，做一名我们这个世界的参与性的（以及有趣的）公民意味着什么。

目录

第1章　引言

介绍

近些时日,若细看任何学术书店或每周投放在大学教师信箱中的那一堆出版商的宣传广告,你很容易发现过量的关于研究行动的作品。这些书籍的范围很广,从"如何做"的工具手册或"手把手"的研究指南,到学术研究在当今社会所扮演的角色(更具哲学倾向)的探讨。鉴于当下方法论领域的研究已经多如牛毛,我认为我得在一开始就回答清楚:为何写这本书? 为何要现在写?

我之所以仔细考虑写作这本书,是因为学界将有关方法论的探讨转化为对方法程序的规整,且"心安理得",而我对此感到灰心。与这种以程序化的方式使选定的方法更具合法性的现象相伴而来的则是一种不安——这些程序化讨论统治了方法论责任与伦理。也就是说,有时,我们在学术研究中对方法的高度关注会不必要地限制我们关于负责任的研究的思考。一切理解都被放置在关于使用哪些方法、在哪里使用，以及如何阐释所得到的研究数据的总体性焦虑中。在这种情况下，方法论责任被缩减为维持研究程序的完整性，也就是只需在一定程度上保证研究程序的一致性。进一步说，方法论本身成了从使用最有效率且最具效能的方法的能力中调取意义——程序管理方面的专门知识。借用福柯（Foucault, 2010）的观点看，这种现象导致的结果是，方法论学者能够"像法官一样惩罚你，并像医生一样治愈你"（p. 379）。这就是说，方法论学者可能会给出判断（"这些资料，而非那些资料，可以支持这些结论"）并扮演治疗师的角色（"告诉我你的想法，我将为你需要的研究资料开出一系列方法上的药方"）。这本书的写作前提由此而来：如此定位方法论，往好里说，是一种错位；而更尖锐地讲，这种对责任与身份的局限性理解是非常危险的。

这段引文虽是米歇尔·福柯的老生常谈，但它却道出了福柯致力于批判的动机，即希望实现进步的社会变革。在一段访谈中，福柯（Foucault, 1983）指出：

> 我的观点并不是说，所有事物都是坏的，而是它们都是危险的。危险的并不完全等同于坏的。如果所有事物都是危险的，那么我们总可以做点什么。我的立场并不是冷漠的，而是指向一种亢奋且悲观的行动主义（hyper-and-pessimistic activism）。我认为我们每天不得不做出的伦理-政治选择决定了什么是最主要的危险。（p. 231）

所以说，将方法程序化，以及将方法论学者重新界定为从方法论管理技术中汲取专门知识的做法是危险的。而且，这种与其所处的全球化新自由主义时代纠缠在一起的情况,揭示了更宏观的社会政治情境,需要进行持续的批判——"我们总可以做点什么"。

我跟随福柯的"亢奋且悲观的行动主义"立场,强调以批判性探究内含的进步可能性及"伦理-政治选择"来处理特定的危险。从这个意义上讲,这本书代表了我对危险进行干预的决心。这种危险被我定义为一种"提炼逻辑"(logic of extraction),即一种承载了历史的、规范性的理性,其推崇距离的价值、固化,以及有关认知和探知的程序化路径。

尤其是对方法的固化,促使了我去寻找有关探究的另一类讨论。**我试图将研究视作一种同时影响我们知道什么和我们如何生活的探究过程,而不仅仅是一系列简洁的步骤。**我因而借鉴了米歇尔·福柯(Foucault, 2001, 2010, 2011, 2015)关于责任与伦理的研究,特别是他关于"直言"(parrhesia)的诠释。我开始通过很多方法将探究自身理解为一项政治行动——无论是再次强化当下的规范化程序,还是挑战常识性探知方式的合法性,方法论工作都不可避免地带有政治色彩。这也是本书想展现的可能性。

鉴于当下情境的严峻性,这些关于探究在我们的存在和行动构成中的位置的担忧似乎显得有点被迫。当下我们似乎正处于一系列灾难的交叠边缘——从海平面升高和全球变暖问题,到每个大洲出现的族群冲突问题,到日益严重的精神疾病危机,到社会抑郁与焦虑,再到在文化上对药物干预过度依赖,等等。我们的时代处在多重尺度及强度的"暴力"中。不过,我拒绝相信人们对探究和研究责任的重新思考会立即改变这些不断升级的悲剧,我也拒绝相信这样的思考会与这些悲剧性情境决然分离。例如,我们一向将环境视作一种商品——一种可以因个体利益而被分割、拥有、购买及售卖的商品。我坚信这种消费主义的思维方式加速了自然资源的枯竭与环境的不断恶化。①同时,我也认为将这种消费主义的思路拓展至我们的研究路径——如研究能生产学术市场感兴趣的数据;又如研究产生了可以在学术市场中被诠释的数据——这毫无疑问对研究能做什么,以及(很重要的)我们如何能以不同以往的方式去探知、去存在带来负面影响。这就是说,在我看来,"我们如何生活""我们要成为什么样的人""我们如何认知",这三个问题相距并不遥远,因为认知过程永远与本体论、身份认同和认识论缠绕在一起。改变我们探究的方式必然包括改变我们阐释世界及在世界中行动的方式。这里蕴含着生产性社会变革的可能。

而且,我关注到,在我所教授的研究生课程中,以及在与我交往的学术圈同僚中,一种被认定为中立的研究技术正在发展。这就是说,当今的学校似乎擅长于培养那些能够在面临政治问题时保持观望态度的人。当学生们进入研究生院时,他们似乎更擅长谈论其他学者的观点,而不是宣称或提出自己的观点。这种现象在社会科学及教育研究领域尤为明显。②当然,这种现象的危险在于人们对他人的观点缺乏质疑精神,对方法论而言,就是在使用某种研究路径时不去考虑其社会政治流派。方法论必然携带着特定

①不过,我确实对将这种消费主义思维扩展到旨在遏制环境退化势头的解决方案表示怀疑。例如,首先,为碳排放交易创建一个"市场"改变不了导致这一问题的消费主义理性。正如我贯穿本书所谈到的,需要在逻辑/理性的层面进行改变,简单地建构一种理性系统无法导致系统性变革。福柯(Foucault,2008)称其为对编纂的真理制度的介入。
②一个正在发生的例子是,传统学位论文的文献综述部分被贬低为看起来很长的图书报告。学生们不再以一种批判或挑衅的方式研读文献,而是使用一种被我称为"指点式"的方法,在这种方法中,他们陈述其他人所说的话,而没有阐明他们自身进行了深思熟虑的立场——他们以远离自己的方式指点他者。当然,我们可以构建更具批判参与性的文献阅读取向,以此去架构我们的研究。

的本体论与认识论假定——这些有关世界的视角都带有相当的政治权重。

政治介入是一种技能——任何民主参与性社会所必需的技能。我认为政治与探究被（精妙地）缠绕在一起。我们当下面临的多重、交叠的社会危机需要有思想的全体公民参与，将我们的学生培养成重复他人观点的"鹦鹉"根本不能帮助他们。我们的时代需要参与性的研究者，能够坦诚地阐明他们所从事的工作、他们所认同的研究方法论，以及他们所期许的社会变革之间的关系。当然，这不可能是一项简单的任务。因此，我在此呼吁我们能够以不同以往的方式进行教学与研究。这项工作的起点是，对那些启发了现有探究实践的逻辑与理性进行审视，拒绝默默认可标准化研究程序与传统研究背后的社会政治假定。

细化到教育探究，我想分享库恩（Kuhn，2008）的观点："研究者采取特定的方法论立场并采用特定的方法，但除去那些最机械、最'计算性'的方法，他们并没意识到'为何如此'的问题。"（p. 181）从这种意义上讲，方法论选择的既有基本原理不必要地受到了技术官僚的影响，创设了一个自我保持的循环："机械"的正当理由鼓励公然的机械论与情境无涉（方法的机械成分可以以较高的技术效率，从一个情境中被"挑拣—提炼"出来，再被用于另一个情境）。这种做法为技术官僚理性赋予了特权，将其作为理解方法论的常识性方式。

我或许可以将库恩的观点再向前推进一步，在表面化地解读"为什么特定方法会被（或应该被）采用"的问题之外，我们需要去理解这些方法如何获得常识的牵引？什么样的逻辑使它们变得可见，进而成为研究者的一种选择？所以，方法论责任在某种程度上源于拒绝简单地去实施某种被选出的方法，而在哲学层面上思考这种方法如何成为可能，以及使用这些方法在特定物质情境中造成的客观影响。将我们的方法论取向历史化在很大程度上有助于我们将它们与特定的物质性政治背景重新联系起来，这种立场拒绝将任何方法论视作放之任何时空皆有效的方法准则。除了使研究方法历史化的批判性行动——显示出它们在特定社会政治空间中的相互缠绕的关系，这种责任感还牵涉关乎可能性的另类空间的清晰愿景，这种空间是我们能够以不同以往的方式行动或存在的地方。这样，在生产性的社会批判的目标指引下，过去与将来都被带入了当下。通常，这种拥有变化可能性的空间使我们认识到，那些已被合法化了的认知与存在形式（分别为认识论与本体论假定）其实是在错误地呈现他者的生活。这种错误的呈现方式将批判性方法论学者引向对传统的认知与存在形式的决然抛弃，从而去支持更具打断性的关于探究目的与实践的假定，甚或去质疑对表征（representation）的强调。

例如，在一项批判民族志《庇护忧郁》（*Shelter Blues*）中，罗伯特·戴斯迦雷斯（Desjarlais, 1997）检视了对经验的传统表征，以及随后与它们的生产相一致的意义建构的线性叙事。戴斯迦雷斯对经验在真相的简单生产中，以及经验在连贯的真相被认知、被说出的标准化方法中所扮演的角色表示怀疑。戴斯迦雷斯借鉴了德勒兹（Deleuze）在探究中使用的"曲折前进"（zig-zagging; p. 10）的方法论，即研究在推进过程中可以尽可能地徘徊。按照这种方式，戴斯迦雷斯尝试将他表达出来的研究发现——他讲述真相的过程——与启发他的理论方向联系在一起。在某种意义上，这是冒险的方法论行为。没有遵从规范化的探究程序或标准化的叙事方式，戴斯迦雷斯挑战了自己与读者以及自己作为公民生存其中的学术界的关系。拒绝任何领域的标准化通常将先导致对研究合法性的质疑："如果你不是在做被承认的人类学研究,你怎么能宣称自己是一位人类学家呢?"尽管面临很大风险,这种批判性取向无疑是具有生产性的,使我们产生全新的、动态的,且针对经验、意义生成和物质现实的质疑。

和戴斯迦雷斯一样,我的作品也是一种徘徊式的分析,在真相讲述、提炼、唯物主义和责任之间曲折前进。这本书在某种意义上是传统的——按照一种逻辑和分析的线性结构搭建出层叠的意义——但在另一种意义上,这本书又挣扎着去抵制这种传统的生产,去干扰规范性的意义建构要素。我的分析目的是从德勒兹和迦塔利(Deleuze and Guattari,1988)的著作中获得线索,在非常现实的意义上,使方法论"艰难运转"——使业已形成的方法论常识不再简单,也不再合理。我感兴趣的是在不确定和不断变化的物质关系中运作的方法论,其不可避免地挑战了探究者的身份认同与作为整体的探究本身。

本书概览

在本书中,我质疑传统意义上的距离化的探究机制,审视质性研究中的"数据分析"过程以及对"风险"和"真相讲述"的规范性概念化。针对距离化的分析过程,我倡导一种唯物主义的探究取径,它将提炼逻辑这一在教育领域占据优势的研究实践问题化。我自始至终都在认真思考福柯(Foucault,2011)提出的直言,或真相讲述,并思考它与唯物主义探究的关系。福柯对直言的阐释强调了三个因素——每个因素都在我回顾戴斯迦雷斯的作品时预示过，它们是关系性、风险和公民身份。这三点对我有关批判性参与和具有政治意识的方法论学者的讨论颇具重要意义。因此，我会在本书中经常回到对这些词的探讨中，力求理解它们如何支持那些富有意义的、关于方法论研究的反思。

像苯妮特（Bennet，2010）一样，我希望对当下的方法论责任的构成，以及负责任地参与探究的其他可能性进行批判。正如苯妮特所说："关键……是我们既需要批判，也需要对其他可能性进行积极建构，它们自身也将成为之后批判与改革的对象。"（p. xv）本着建设性批判的精神，我借助福柯对直言的阐释，一方面批判当下的方法论，另一方面指出作为真相讲述的新的可能的探究模式。以直言为取向的探究也不可能超越指责与批判，但其仍不失为对统治教育与社会科学的传统研究方法的有益的另类尝试。

尽管苯妮特的第二个观点——"对其他可能性进行积极建构"——具有重要意义，但我仍担心它会导致残缺的结果。我在全书中都呼吁在方法论研究中另辟蹊径地进行真相讲述：我请求具有社会正义感的探究者担起直言者的角色。正如我所希望展现的那样，直言不是预先设定的方法或特定实践，它是一种有关真相讲述的倾向，一种人们试图说出的、与之朝夕相处的真相。所以，我不能指着某个学者说"这个人是个直言者"或"这段文本是直言之作"。我们能做的只能是给出一系列尝试性的例子，触及直言的模糊边界。这源于我对一种尚未成型的方法论的尝试性呼吁。负责任的方法论转向的架构到目前为止还是未知的。从根本上讲，书中所给出的这些例子在能否给出充分或完整的描述方面并不能通过检验。这只是一种我所希望的生产性的失败。

在这本书中,当问及责任与伦理时,我希望去积极面对自己在方法论领域产生的失望与困惑。在许多方面,我们通常感到在方法论上负责任所具有的意涵与方法论实践本身离奇地被分裂开来,也就是实践的伦理问题远离了那些使方法论可见的探究实践。作为一位参与性学者,我尤其反感那些将被研究者搁置一旁——远离非参与性研究者的人身安全——的研究。相反,我所追求的实践将探究与研究现象关系性地绑定在一起。作为必然的结果,人们永远不能充分地与意欲研究的内容——对本书焦点来说很重要——或人们参与探究活动的方式拉开距离。在方法论上负责任意味着要意识到探究什么、谁来探究、如何探究,以及为何探究之间相互缠绕的交叉性。这是一项具有伦理重要性与政治性的工作。

在教育领域,我经常要在对学校与教师进行"研究",以及与其"一起工作"之间做出区分,这种区分也出现在邓津和吉尔丁纳(Denzin and Giardina, 2014)的著作中,他们在其中强调"与社会群体一起工作,而不是对其进行研究"(p. 19)。似乎地处大学附近的很多学区都在经受一种"研究疲劳",即研究生与大学教师们因地理上的方便总去研究教师、教室、学生和教学实践等。正像 位教师最近和我说的那样:"我对被研究感到厌烦。和我一起工作——这才是我想要的。"我认为,与类似群体的教育者一起工作需要不同程度的承诺,而且这呈现出有关方法论责任的思考上的重要差别。

研究或探究他者(包括人、地方、课程等)提出了一种带有距离感的立场,这会相应地影响我们对责任的理解。例如,人们可能尽责地进行保持距离的研究实践。如果要研究教室里的同辈互动,人们可能会对是否要在看到未受监护者遭遇欺凌时进行干预提出疑问。接下来的场景可能是这样的，即研究者目睹了欺凌行为并将其视作研究数据——一系列被认为富有研究意义和研究价值的事件。这部分数据一旦被放置在某种事件中，就可能会被那些旨在保持纯粹性与内部完整性的方法论实践保护起来（或曰被扣为人质）。研究者可能会考虑欺凌场景中的干预行为可能对他/她所收集的数据造成的影响。①如果他/她要在诸如术语"研究他者"的情况下提出"填补空白"，会发生什么呢？这将如何影响手头的研究项目？当研究者从对研究数据的影响的角度考虑这种情景时，欺凌的现实与物质影响实际上被数据生产的方法论责任的一贯主张所排斥。

尽管我希望我们能够去干预研究项目或其他场合中的欺凌行为，研究他者所产生的距离感却为我们按下暂停键，当我们考虑到无距离干涉对研究实践所产生的影响时更会如此。这不是一次有用的暂停，因为它让我们的精力从欺凌的问题性迁移至对研究纯粹性的固化上。回想我近期所经历的有关个体慢性疼痛的博士论文答辩，这位学生在进行完一系列深度访谈后，得知其中一位研究参与者住进了医院。当听说这位学生多日独自在病床前陪护这位病患时，一位答辩委员会成员讲出了她的担忧："你怎么能这样做呢？你损害了你的研究数据以及你所有的研究发现。我怎么能相信你的结论的可靠性呢？记住，你必须保持你作为研究者的角色。"

我回应道："人之所以为人，是因为人有人性，什么时候研究使

---

①还要注意，这种特定的数据呈现很容易陷入所有权问题——这就成了"我的数据"，就好像我对它们/或对从其生产中拓展出的意义拥有某种所有权。这就是我在第2章中谈到的将数据作为商品的问题。

得人性的沦丧成为必需?"这里面的关键问题是,研究他者所带来的距离化不必要地与基于程序考量的责任感保持了一致。现实问题被在研究中保持距离的方法论固化排挤了出去。

一种不同的、具有参与性的合作取向重新想象了根植于情境且关系性一致的责任。所以,回到第一个例子,在这种情况下,目睹欺凌行为要求人们考虑责任,因为它是从一种参与性关系中延伸出来的,合作取向拒绝强化程序,而强调日常相处的关系性伦理。①类似地,参与答辩的学生可能考虑到了她在与慢性疼痛患者在研究中生成的关系的关怀伦理。这些研究中的数据不可能外在地存在,从不需要受到关系性情境的保护。

由此,本书的目的是阐明这种关系性的研究路径,并最终提问:方法论责任到底在本体论和认识论上意味着什么?而且,对教育探究的唯物主义式参与如何为方法论行动主义(methodological activism)提供特定的可能性?在我看来,方法论责任与作为行动主义的探究处于一种动态的关系中——一方以特定的生产性方式启发着另一方。所以说,在社会正义之外理解负责任的探究的传统框架不再具有意义。出于社会正义的探究天然地要求重新构建伦理问题。当然,这里总是存在着政治性问题,进而影响探究的政治实践。

以这种情境为发展背景,在第2章中,我转向一种对我所称的提炼逻辑的批判,即一种凸显特定的认知与探知路径的治理逻辑。

---

①尽管一些人可能会简单地说,我在提倡一种参与性-行动的研究路径,但我认为这种类别化处理具有明显的简化性。我所提倡的是一种拒绝程序化诱惑的关系性探究取径。关系性认知或探知的过程是一种参与性探究。这是一项具有政治意识的工作,在我们这个时代是必要的。

我认为提炼逻辑受到了当今新自由主义全球化的启发，并在这种情境中得以拓展，正如前述两个例子所表明的，提炼逻辑必然关涉有关研究能够做什么，且应该做什么的规范性假定。这种无处不在的理性基础鼓励特定的方法论立场、实践与身份认同，如将方法和技术简单化地视作方法论专家的理性工具。提炼逻辑通常会导致对批判性调查的其他挑衅可能性的不必要排斥。这样的话，以社会正义为名的研究会丧失转化的潜能。我们把进步性社会变革的可能置换为一种温和的程序性变化，也就是仅对现状进行重新表述。面对这种情况，我认为自己有责任拒绝将方法论学者作为技术官僚（尽管这样的身份可能很梦幻）的状态，倾向于一种根植于唯物主义的、凸显过程的方法论。第3章进而探讨了唯物主义对方法论及方法论责任的影响，对近期在社会理论中所谓的批判或新唯物主义（critical or new materialism）固有的可能性予以特别关注。唯物主义视角提供了探知与存在的关系性形式，这永远不能与其延展的物质情境隔断。所以说，唯物主义探究强调关系的流动性运动，而不带有刻意捕捉抑或冻结这种关系性的冲动。

从这种批判的视角出发，方法论责任富有成效地与冒险和真相讲述的行动缠绕在一起，这些行动被一些哲学家称为直言。这是第4章要重点阐述的概念，或许可以被称为第4章的中心。在我看来，直言与新唯物主义的信条积极地相互交叉，它突出作为一种社会正义性工作的参与性方法论。作为直言的后果，负责任的方法论研究与社会正义原则交织在一起，拒绝由旨在维持现状的当今理性所提供的提炼逻辑。第5章以对充满希望的唯物主义方法论漫游为结尾，即拒绝规范化方法论学者所宣称的实践栖身于社会正义的可能性与方法论责任中。最后，我的讨论是一种对方法论责任和风险的呼吁,这些责任和风险源自推动了我们分析的政治参与性的批判理论。

贯穿本书的基础线索是,我在"具身性"与"批判地理学"(critical geography)这两个重叠的领域将理论思考和方法论实践连接了起来。考虑到具身化问题并利用批判地理学取向的探究项目有效地揭示了方法论责任与风险的关键张力。特别是,这两个概念领域都明显地为意义生成提供了唯物主义阐释,要求方法论学者认真对待他们对所身处世界的参与方式。确切地说,我会根据以下基本准则考虑具身性与批判地理学(在此处提及,并会在之后的章节中详细展开):对具身性的唯物主义思考和批判地理学对过程性思考的坚持、对认知与存在的关系性理解、对社会世界的批判性参与赋予特权、以干预压迫与剥削体系的努力来拒绝现状、公开的政治性工作,以及延伸出来的一种对进步性社会变革的渴望。这些基本信念对方法论提出更高的要求,而且很重要的是,其对在我们的探究项目中承担方法论责任到底意味着什么这一问题进行了挑战与界定,即便这伴随着一定程度的风险(有时甚至会令人不适)。我突出具身化和批判地理学的目的不是要求读者都去追随这样一种探究倾向(尽管这样做会很好),而是希望读者将这些理论思考根植于一些事例和日常方法论实践中。

在我剖析方法论、责任、关系的愿景中,我会遵循皮尔斯和麦克劳尔(Pearce and Maclure,2009)的研究,他们倡导研究要"创造概念,开放概念,寻找新的可能性,而不是采取那些固化或限制概念的简化策略"(p. 264)。在很多方面,这站在了被写入方法论教材的传统认识论实践的对立面。例如,编码策略通常追求的是缩减编码数量,以求更好地界定和确立一些有关项目的"真相",限定意义,而非开放意义。所以我的研究构成了一项寻求新的可能性的工作——将研究责任视作开放或成长的过程,并将探究实践视作具有无限生产性的考量。

澄清

这里很有必要暂停一下,给出一些澄清性陈述。读者们会注意到,在文本中我将更多时间花在探讨具身性与具位性上,而非有关身体与地方的问题上。这是我有意为之的。我不是用别的概念予以替代,因为我认为它们指向不同的事物。我探讨具身性是因为我对涉及社会过程、实践和事件的议题非常感兴趣。尽管有关身体的考察当然是重要的,但我对关系性唯物主义的理解是:身体调节着经验/人类的意义生成。也就是说,身体不是一个简单的事物——围绕"身体是什么"这个问题的探讨以一种令人不适的速度转向了一种以特定含义去界定(或限定)身体的固化行为。同样地,我不是在探究固定的地点;相反,我参考了批判地理学的主要原则,关注具体情境与全球话语在生产空间上的交织。这种空间承载着动态的意义制造与生成过程。再次强调,不是说有关身体与地方的问题不重要,而是它们并不是本书的焦点。我感兴趣的是关系性唯物主义,这个视角更强调过程和实践,而非抑制和停滞的机制。

读者们也会注意到我对提炼逻辑的持续批判。通过批判,我持续地去厘清认知与探知背后的逻辑或理性,特别是在方法论领域中。我的批评比简单地讲所有意义生成都是一种提炼形式要复杂得多,它延伸到努力重新关注物质性在我们的探知发生中所扮演的角色。这就是说,一些形式的理解并不是提炼式的探知——我们具身性和具位性的经验与生产意义的物质世界结合在了一起:我们要比我们的提炼物复杂得多,我们是关系性的,我们具有物质性的经验。

对过程性分析的思考——参见我对具身性与具位性的探讨——伴随着我对提炼理性的批判,推动着我对方法论责任与风险的探索。我的希望是,通过厘清我们知道什么和我们如何去探知的问题,我们能使那些不再依附于传统认识论和本体论形态的探知与存在的新路径成为可能。这当然具有挑战性,但我认为这也是一项充满希望的工作。一个积极的结果将会是,推动意义生成的理性系统永远不会穷尽对我们的关系性生活的理解,意义生成的尝试不可避免地显示出不足。在我们去探知自己身处的世界的过程中存在着许多裂口。在这些裂口中,新的探知与存在路径成为可能。对这些可能性的探索天然带有风险性——对为我们的生活赋予意义的系统提出挑战,但它却指向了关于责任的新的理解,其也推动了本书的写作——栖身于这些裂口,探索未曾被想象的可能性:将方法论责任视为一种政治实践。此处涉及对风险与责任的创造性思考。

最近,我对有关探究、真相、真相讲述和责任之间的交叉性质的探讨保持着浓厚的兴趣。在当下,仅讨论第一项和最后一项(探究与责任),而没有关于第二项和第三项(真相和真相讲述)的思考,已经成为常态。正像我之后在书中所描述的,这似乎源于对后现代及后结构主义理论的简化式误读,因为这些理论取向排斥关于真相的公开主张。而且,当有关真相的问题被提出时,方法论及探究方面的学者很少表明自己关于真相的立场。也就是说,这些学者和理论家在涉及他们对真相的信念与断言时，总是缄口不言。这让我感受到了明显的局限性，因为它近乎使得方法论与政治无涉。作为回应，我在全书主张另一种类型的方法论参与——延伸自特定的真相讲述模式，并且具有明显的政治性——也就是我提出的方法论真相讲述：直言。

简单地讲，直言唤起了对真相讲述的执着，这种执着带来了特定的目标、情境，以及认知与生活的取向。具体而言，在书中我将直言视为一种真相讲述，它以在认知及存在的规范性实践中进行干预为目标。以社会正义为名，这种政治性的干预始于一种发起进步性社会变革的志向。正如我在第4章详细阐述的那样，只有当个体在社会中挑战其公民身份时，直言行动才会发生。因此，真相讲述者必然会被卷入他/她所引发的干预过程中，直言者从不会外在于或被以其他方式远离被认为必要的社会变革。通过这种方式，直言既唤起了一种行为（真相讲述本身），也体现了一种对世界的关系性唯物主义的取向（也就是任何人都不能在孤立的状态下讲述真相）。所以说，作为直言的真相讲述位于关于认知与存在的方法论实践与哲学信念的交叉处。当我们拥抱直言时，我们同时拥抱了一种对世界的关系性参与方式。我认为，对寻求生产性社会变革的方法论学者而言，这是个重要的改变。这也是我写作这本书的动因。

关于风险与责任

最近，在一次美国教育研究协会的年会上，我与分论坛讨论者的微妙互动让我受益匪浅。在我们的分论坛研讨中，一位讨论者停下来问我为什么对风险和方法论如此感兴趣。他说:"我只是觉得每个新生代学者都觉得自己是最前沿的,在做最酷、最冒险的研究。但最后,你为什么不忘掉风险,只做研究呢?你知道,对做研究来说,保持传统并没有错。"我问他是否读了我的论文,他说只是粗略地读了一下,我恭维了他后,他便走向熙熙攘攘的大厅,去寻找免费的咖啡和新奇的蛋糕。我之所以讲我从这次互动中获益良多,是因为它使我意识到我的观点被忽略了——或许是他在略读时错过了我的讨论要点,也可能是我在演讲时未能充分阐明我对风险和探究的界定。当然,这两种情况可能都存在。

近期,我在阿灵顿的得克萨斯大学做了一次演讲,内容与方法论责任、批判性探究与唯物主义方法论有关。在随后的问答环节中,一位更资深的学者举手评论:"当你谈论责任和伦理时,你是在指伦理审查委员会的工作,对吗?"我回以面对玩笑话的微笑,但其实这根本不是一个玩笑。我再一次认识到我的观点并没有被成功传达出去。

所以,我希望在开始时就明确,对于将风险和方法论意义上的前沿或酷混同在一起,我绝不感兴趣。我从未想过扮酷,在生活中亦是。而且,对将自己对方法论责任的思考放置于一套有关程序性伦理的技术话语中(也就是伦理审查委员会所为),我也并不感兴趣。我不反对其他人让伦理审查委员会去"忙活"(dance),来替代他们自己的道德审议。①

---

① 很多学者强调过伦理审查委员会(IRB)在学术领域的规范性探究中所扮演的角色。首先,我不是完全反对IRB本身,但更倾向于认为这些机构应为有关探究项目的伦理思考开辟空间,而不是去制止相关讨论。不幸的是,考虑到它们将伦理考量程序化,以及它们被定位为决定研究是否可以开展的"一言堂",IRB通常会封闭或限定那些本可能具有创造性的伦理考量。

　　与之相反，我希望将有关风险和责任的思考与那些影响其在质性探究中的历史界定的逻辑关联在一起。而且，我希望在当下的超级新自由主义（hyper-neoliberalism）与全球化浪潮的条件下去考虑如何以不同的方式思考这些概念。从某种意义上讲，我希望将这些术语置于一个与历史相吻合的背景之下——既能质疑它们（未被提及）的定义，又能质疑使它们成为可能的逻辑的背景。我认为，要做到这点，我需要以更加宏观的取向为起点，并推敲使这些概念成为可能的理性与焦虑。

对于批判的批判

　　在教育学界中，存在着一种奇怪的趋势，这种趋势源自关于批判性（critical）与批判（critique）这两个术语的焦虑情绪。前者似乎是针对学者的，每位学者几乎都希望用这个词语来标榜自己的研究，特别是在方法论方面——每个人都想具有批判性。这使批判性这个词语从方法论文献中被抹去，这里的被抹去是指丧失了它的意义。事实上，批判性这个词如今似乎无处不在，在许多领域和研究中被无休止地引用。正因如此，批判性似乎已经不再具有生产性的意义。现在有很多批判性方法论、批判形式的分析，甚至有很多对量化方法论的批判性思考（显然如此）。①对我而言，批判性——与方法论相关——意味着更具体的东西，它涉及干预。而且，我可以认为，这种干预必然超出了方法的层面。相较于我们生

①或许是因为我在描述自己的研究时提到了批判性的概念，在一些会议分论坛或小型研讨会上，我经常被问及批判性方法论的问题。我曾经受邀去参加一个针对批判性量化研究的讨论小组，尽管我希望我对批判性下的定义足够清晰，但我其实并不知道这种特定的方法论取向是如何成为可能的（尽管我当然愿意被说服，从而改变想法）。

产数据并赋予意义的技术,我一向更感兴趣的是使这些方法得以呈现的理性和合法性。我相信,这始于对权力的考量——权力如何显现和权力如何成为可能。所以,当我在本书中引用批判性这个概念时,我参考了金切罗(Kincheloe)与麦克拉伦(Mclaren)对批判者的论述。

在对教育领域的批判探究进行概述时,金切罗和麦克拉伦(Kincheloe and Mclaren,2005)强调了这种实践的对抗性要素:"'批判性'必须与对抗特定社会或社会公共领域中的不正义现象联系在一起。"(p. 305)这种对抗性参与必须持续下去,并侧重于不一致的话语式社会模式和物质实践,这是教育等社会制度无法回避的结果。不公正的社会结构永远不是静态的,而是在意义生成与关系的日常实践的不断再生产中得以显现。批判性参与因而成为解放性行动,能揭露当代社会形态中固有的矛盾与裂痕(Kuntz,2011b)。通过揭示,看似固化的社会结构实则为流动的、充满矛盾的,这使得轻易的社会再生产不再那么自然或有保证。所以说,批判者体现了一种策略上的转变,从对我们的世界的静态表征转向了对大量重叠的社会过程的认知与参与,这些社会过程往往充满矛盾和对抗,尽管它们因关于常识性或现状的总体规范而保持隐匿(Kuntz,2011b)。这是以社会正义为名进行的批判性工作。

在大卫·哈维(David Harvey)的研究中,相似的批判性干预也可以在指导批判地理学的社会正义框架中找到。在哈维(Harvey,2001)看来,批判性学术研究扰乱了事实(实证主义的合法结果)与价值(被注入了意识形态的人本主义)之间的看似具有逻辑性的分歧,即"批判性研究揭示了事实与价值之间的人为分歧,指出科学是意识形态无涉的宣称本身就是一种带有意识形态的主张"

（p. 36）。因此，批判性学者肩负两项相互交织的任务：（1）理解其他常识性理性发展的方式，产生一系列合法的实践；（2）想象或促成从新的认知可能性中拓展出的新实践。哈维写道：

> 要想改变世界，我们必须先去理解它。要想改变世界，我们必须创造关乎周遭现实的新的人类实践……当然，这也是理解现有条件并在当下揭示临近未来的批判性与自反性思考的任务。（pp. 36-37）

哈维的观点回应了之前谈及的过去与未来在当下的必然瓦解，这是方法论责任的重要实践。作为源自马克思主义传统的一位批判主义学者，哈维认为"批判性与自反性思考的任务"是被揭露意识形态结构的内在矛盾和我们创造其他可能性的能力所激活的。当然，在关于现实和真理的社会断言的影响下，为这些批判性工作提供信息的实践必然会发生转变。在第4章中，我提供了有关批判性研究的转化可能性（transformative possibilities）的全新分析，旨在干预承载权力的真相的生产过程。其考虑到了当下多重且同步发生的真相。例如，当真相与虚假之间的区别变得模糊，它们的区分不再轻易成立时，会发生什么呢？在这种情况下，会出现什么可能性、什么结果呢？

简言之，批判性研究鼓励那些针对规范性理性和规范化行为的、承载着伦理价值的创新性替代方案，这是一种对传统的认知与探知路径的批判性违抗。再回顾一下批判性方法论，我们可以看到仅表述当下存在路径的探知过程是如何远离批判性的。因此，这种描述性研究取径缺失了批判取径所特别强调的伦理要务。正如库恩(Kuhn,2008)所指出的,探究实践本质上是一种伦理实践,延续并同时拓展关于探知与存在的假定。从这个意义上讲,我将以指导本书的有关伦理考量的简短述评来对这个章节进行总结。

我一直受到 J.K. 吉布森-格兰汉姆(Gibson-Graham,2013,2014)的研究的影响,他的研究、探知与存在的重要联系以及参与性伦理相关——也就是说,通过改变我们的探知方式,我们可以同时改变我们的伦理性存在方式。从这个视角出发,我们的理论需要远远超出简单描述世界之所是,而要去挑战这个世界,尽管这种挑战指向了超出我们现有能力的可能性。由此产生的结果是充满伦理色彩的挑战——拒绝采取简单的行动来(重新)建构世界,也就是我们试图通过我们的理论形式去干预的世界。正如蒂马迪诺(DeMartino,2013)所言:"在这里,探知是生成性的,也具有建构性——绝不只是描述性的。"(p.489)这提出了批判性探究的一个重要的伦理维度:我们知道什么,以及我们如何去探知在社会层面从来都不是中立的,伦理框架的重要性从未缺席。所以,一位有责任感的方法论学者在探究他/她身处的世界时,必须提供新的思考与存在方式。同等重要的是,那些教授探究活动的人必须有责任地提供针对探知实践和支撑这种实践的理性/逻辑的批判性审视。简单再现既有之物,复制那些让世界可见的规范与规范性体系的做法在方法论意义上是不负责任的。蒂马迪诺(DeMartino,2013)写道:"学者们的选择很重要……因为这些选择改变了世界,要么通过阐明、促成变革的方式,要么通过模糊、破坏变革的方式"。(p.489)有伦理感的探究者是一位参与性的学者,拒绝迷惑性地制造那些将探知与存在、我们是什么人与我们如何成为什么人区分开来的差异。

与之相关的第二个概念，即批判（critique），似乎明显地调动了负面情绪，这是因为它作为一个对抗性术语被过度使用——批判必然会从它参与其中的事物中拿走或移除一些东西。重要的是，探究过程中包含一种创造性能力，也就是能够把对过去或现在的批判变成未来的可能。由此，批判要比简单地提出批评复杂得多，它要去制造新的可能，暴露出那些原本逃避意义生成过程的裂缝和空隙，这样我们就可能以不同的样态生活。不幸的是，批判的这种创造性通常在急于做出批判的草率行为中丢失，也就是说，"聚焦什么是坏的、错的做法通常与坚定的现实主义相混淆，但其实它是一种纯然的悲观主义"（Sharpe，2014，p. 38）。与之相反，我认为批判是一种无限的乐观主义——定位主流观点解释力不足的地方，进而提供新的、之前未曾阐明的日常生活实践。通过这种方式，批判有效地凸显了抵抗性实践，否则这些实践可能一直都不为人知。我将在本书的总结性章节中再次回到对乐观性批判的概念阐述上。

李斯克（Leask，2011）指出，来自福柯理论框架的抵制概念被用得很普遍："它为了所有人实施，也被所有人实施，它无处不在……抵制是我们的起点，它是根本性的。"（p. 10）出于抵制的多样性，批判扮演了一个至关重要的角色，即激活抵制实践的新意义，使其朝向新的存在与生成过程的可能。"如果对立的能量能够被视作有效的或有意义的，那么批判就是根本性的。"（Leask，2011，p. 11）参与批判就是要使新的意义成为可能，去调动各种相互缠绕的抵制活动，朝向尚未来到的未来前景。在第4章有关直言的阐述中，我将这种福柯式的批判概念作为一种创新的抵制形式。

方法论行动主义

在许多方面，我会先指出距离的问题，也就是将研究者本身移出政治性及物质性情境的问题——这也是方法论学者多年来一直讨论的话题（例如，Geertz, 2001; Marcus and Fisher, 1999; Rosaldo, 1993）。我认为重新考虑这种距离是很重要的，因为它关系到探究者、方法论假定和探究的物质性实践之间的交叉。我想对关于这些实体的简单分离与分类提出疑问，因为这些内容会不可避免地出现在我们的研究教材中。这个质疑始于提炼以及个体、探究取径及方法论实践之间的互动问题，将这些方法论实践视作它们彼此之间的（between）行动，而非内部的（within）行动。[①] 贯穿本书，我将这种关系性视作一系列值得持续探究与重构的意义。的确，新的系列形式可以为重新思考真相讲述、方法论风险和责任开辟空间。

而且，在一些方法论圈子里，似乎有一种趋势，认为我们已经充分破坏了我们保持距离的方法论立场，也就是说，提炼问题是个老新闻了。然而，我要求对这些老生常谈的问题进行新的风险性参与，这些问题预示着物质关系性和负责任的真相讲述。与福柯对直言的分析一致，这是一种物质性的政治工作。考虑到传统教育方法论学者似乎在无休止地追求关于数据生产与分析的保持距离及分类的"高效"技巧，认识到这些活动的唯物性后果很重要。

简言之，教育研究中似乎持续存在有关教育是什么、为了什

---

① 在这里，我指的是从"inter"（之间）到"intra"（内部）的转变，这是唯物主义、女性主义研究的特点，芭拉德（Barad, 2007）的作品尤其体现了这一点。我将在第3章有关新唯物主义的陈述中详细讨论这一观点。

么，以及它的"适当"价值如何被表述的危机（Peim，2009）。在这里，通过强调围绕风险与物质关系性的责任和真相讲述的问题，我想讨论这种危机，并提供一种有关探究可能是什么、探究使得什么可能，以及探究如何被理解的更新的看法。

总结

最终支撑这本书的是一种带来生产性差异的方法论研究的可能性。所以，去思考前述有关认知与探知的价值取向的概述，了解如何以特定方式去选取概念是很重要的。事实上，鉴于这种关系性存在的方式，以及我们目前所处的全球化、新自由主义情境，风险、行动主义、伦理和责任的概念呈现出特定的形式。不幸的是，这些概念通常是尚未被定义的——或者，像之前讨论过的批判性概念一样，它们被界定得过于宽泛，以致在各种情境中丧失了真正的沟通价值。但是这些概念在我的分析中扮演着重要的角色，因此，在本章结束时，概述一下我打算如何在接下来的论证中使用它们，似乎是很有意义的。

在我们身处的当下情境中，行动主义具有多重定义，其中一些比另一些更具实用性。从一般意义上讲，参与到行动主义之中是以某种方式为社会变革而努力。所以，行动主义需要一种想象的或是创造性的元素——以另一种视角看待我们自身的能力。更具体地讲，行动主义涉及一种对控制世界的规范性过程与实践的果断干预。通过行动主义，人们可能生成新的意义、新的思考及参与世界的路径。但很不幸，全球化与新自由主义的当下表现对人们理解和践行行动主义造成了限制性影响，特别是在探究领域。从全球化过程拓展出来的地理边界与毫无限制的资本流动,与以超级个人主义与监控为标榜的新自由主义混合在一起,给致力于推动进步社会变革的个人带来了相当多的困扰。很多时候,似乎我们的集体性行动主义实践过多地借鉴全球化与新自由主义的价值,而这确实是我们意欲批判或阻断的。行动主义可能被视作虚拟化的,正如我们通过点击计算机桌面上的按钮或在线上请愿书上添加签名的方式致力于某种"改变"。[1] 当然,这些虚拟行动,作为一种行动主义,也不固然是负面的,尽管当这些行为与新自由主义的个体化及孤立化趋向混合在一起时,确实令人失望。的确,行动主义自身便要求联结——拒绝在关系之外理解自身。

那么方法论意义上的行动主义可能是什么样的呢?参与方法论行动主义就是构建能够促进变革的方法论。这就是说,方法论行动主义者拒绝相信探究方法、过程与分析的中立性。方法论天然具有偏向性,它们来自对认知与探知的政治性参与。正如邓津(Denzin,2010)所言:"质性研究者不是一个外在于或高于社会世界的、客观的、政治中立的观察者。"(p. 23) 这种位置性在批判实践中将行动者纳入其中。戴维斯(Davis,2010)指出,参与性实践和行动主义探究使人们"反对自己,反对规范性语言的力量和日常实践"成为必然,"它是一种持续的努力"(p. 58)。为了社会正义而努力必然意味着,行动主义者既是生产性变革的推动者,同时也是生产性变革的对象。

由此,方法论行动主义需要承担一定程度的风险。说到风险,

---

①例如,最近我曾被邀请去参加请愿活动,以阻止对海豚的屠杀、纠正一场阿拉巴马橄榄球赛的不公正纠纷、将加拿大歌手贾斯汀·比伯驱逐出美国——每项活动都需要我进行行动、予以关注。

我不是简单指利用那些可能生产"坏"的数据的方法。相反，与邓津和戴维斯一样，我更愿从直言实践的关键要素的角度去思考方法论风险，以此参与到影响我们身份的政治关系中。如果我们真的要参与行动主义研究，我们就必须要冒险——我们必须产生新的引向生成过程的方式。通过参与新的认知路径，我们介入了新的存在方式——这一切的内在联系仍在继续推进，因为方法论行动者们鼓励目前尚未遇到的新的物质可能性。正如吉布森-格兰汉姆（Gibson-Graham，2003，2014）所持续阐明的那样，虽然我们通常认为我们存在的方式决定了我们知道什么和我们如何探知，但我们的本体论形式是以话语方式产生的，先前被我们设定为单向度的事物实际上是动态性、多向度的。存在与认知之间的生产性交叉——认知的方式可以改变存在的方式——催生了新的伦理性思考。思考与写作因此变得具有无限度的生产性，使世界上另类的存在形态成为可能。根据这一逻辑，探究更容易采取一种行动主义的立场——作为干预的以社会正义为名义的探究。这就是我为这本书设定的任务。这种方法论行动主义和风险的概念由一种新的参与性伦理（engaged ethics）拓展而来。若想以不同的方式生活，我们必须思考新的伦理性参与方式。

第2章 提炼逻辑

介绍

请允许我以自己(质性研究方法的教授)为例来开启本章。我经常被要求以方法论专家的身份参与学位论文答辩,我的同事们似乎希望我能够负责繁重的第3章——传统上的方法论章节,特别是在研究介绍与研究计划展示期间(第3章在最终的论文答辩中总是轻易地被忽视,人们更注重有关研究发现及研究意义的精彩探讨——传统上分别位于第4章、第5章)。也就是说,在答辩会上,当讨论到第3章时,所有人的眼睛要么垂下,要么紧盯着我。我认为,大家觉得我能够容易(更容易?)地处理具有挑战性的问题:要进行多少次访谈? 与谁进行? 如何对想象中的未来数据进行主题编码。于是,第3章便成了我的责任。为了学生着想,我应该指出更具传统性的"做法"的模式。而且,当然,有时我会更具挑战性,公开质疑我作为技术官僚方法论学者的定位,这种定位即是，通过研究方法的魔法为难以驾驭的日常经验带来秩序。我不会轻慢对待干预和打断方法秩序的决心，我认为推崇以拒绝提炼为目的的做法、拒绝导致封闭性的方法论工作是自己的责任。

所以要如何实现这种状态呢？作为方法论学者，我的专业知识如何被转化为对学位论文特定部分的特定责任？从一定意义上讲，这些观点似乎遵循了关于效率的信念和特定专业知识的概念："我是一位方法论学者，第3章是我的专长范围；其他章节最好是由那些内容的专家来指导。"这种价值观在很大程度上源自新自由主义和全球化构成的当下情境，这两种统一的话语在选定的日常实践中显得"顺理成章"。

在这一章中，我试图为我认为的当下社会政治情境作铺垫，在这种情境中，传统方法论运作着，涉及在历史上影响到当下方法论身份、实践和责任的含义的理性——在学位论文答辩会上，第3章的关键术语对我的主张起到了一定的作用。简言之，今天的方法论研究者获得了作为领域专业人士或技术官僚的合理性，这一被社会认可的角色与商业领域的中层管理者并无二致。这种对方法论身份及工作的概念化是从我们身处的新自由主义和全球化时代延伸而来的。因此，对探究的作用及探究者进行思考本身就是对支配我们生活的保守原则的干预，这是一项批判性的工作。

作为一项规范的技术，传统的质性探究在诉诸常识性的认知（knowing）与探知（come to know）的手段中找到了正当理由（例如，对传统访谈的持续援引，通常这是一种合乎逻辑且无可争议的研究方法。我在本章后面将更加直接地讨论与访谈相关的问题）。

不加批判性思考,仅采用规范化技术的话,只需要技术人员去分配它们,并使其高效运转。对于方法论工作而言,这一图景使方法论中层管理者(methodological middle manager)——专门运用精心设计的技术得出可知的研究发现——成为可能,这是一种无涉风险的"方法论介入"(methodological engagement)。我以对新自由主义和全球化话语如何影响方法论身份与实践,以及它们对我们建构方法论的责任和风险的影响的情境化概述来开启本章,以探究上述历史形态。通过新自由主义话语和全球化过程,方法论学者已经沦为技术官僚的角色——以高效的生产和管理可验证的数据而闻名。在设立好这个奇特的情境后,我会特别关注对我所谓的提炼逻辑(logic of extraction)的呈现。这一逻辑根植于后/实证主义与现代主义有关认知与存在的主张,它们从全球化的新自由主义价值那里寻求合法性,并拓展了这些价值。我以关系性思考如何为唯物主义者抵制这种具有局限性的提炼和开启新的可能性来结束本章,这也是第 3 章的主要内容。

方法论技术官僚的生产:这是在胡说八道

对方法论技术官僚的呈现与法兰克福(Frankfurt, 2009)所谓的"胡说八道者"(bullshitter)之间存在明显的概念重合。这种重合来自对真相问题的共同漠视。在其对胡说八道的描述中,法兰克福(Frankfurt, 2009)指出"陈述并不源自一种有关何为真实的信念,也不是像谎言那样,基于一种[它]并非真实的信念"(p. 46)。从这个意义上讲,胡说八道忽略或漠视了真相对陈述造成的影响。这种漠视将胡说八道与谎言相区分:"一个人不可能说谎,除非他知道真相。而胡说八道并不需要这种承诺。"(p. 46) 由此，胡说八道忽视了有关真相的问题，它缺乏对真相生产采取立场的手段。重要的是，法兰克福继而指出，这种对真相问题的漠视使胡说八道比说谎的行为更危险。与胡说八道相反，说谎要求承认部分真相，随后阻扰或误导这一真相。而胡说八道对真相漠不关心。结果是，"胡说八道对真相而言，是比谎言更大的敌人"(p. 48)。恐怕这样的情况与我们所知的方法论技术官僚的情况非常类似。

不论一个人会如何感受真相的生产，我想在这里指出，胡说八道的生产和情境无涉的方法有着惊人的相似性，这种方法将规范与传统的方法论工作典型化。正如第1章所指出的那样，我认为方法论学者是时候再次探讨真相的问题了，尽管这可能是尝试性的。至少，我们的方法论工作应该充分地致力于社会变革，使我们的研究在世界中占有一席之地，也使世界如其所是。而且，作为批判性、参与性的学者，我们的方法论学者应该认识到我们的实践影响了重塑规范现状的多种渠道。在这方面，我也认为我们这些方法论学者是时候拒绝技术官僚式的角色了，这种角色的专业知识来自创造、主张和与实施时间无涉的方法，而在讨论真相时，他们却乐于置身事外："数据能代表其自身讲话；我只是使它们可见。"如此这般，我认为对社会正义问题感兴趣的方法论学者要拒绝参与胡说八道，拒绝将他们的工作从有关真相的问题上转移开。在教材和研究生课程中阐述"方法"时，往往不涉及真相的生产问题。我们当下的时代则发出了更多的呼吁，方法论学者不能再假装自己保持冷漠的立场。或许走向生产性的参与的第一步是理解我们身处的时代背景。

新自由主义和全球化时代的方法论

已有很多文献阐述了新自由主义背景及其对教育、学习和身份(本章目前提及过的社会过程)的影响。而在很多从社会科学及教育等学科延伸出的文献中,新自由主义已经成为一个恼人的模棱两可的词语。所以,在这里我想花一些时间对三个重要并相互交织的议题做出评论:(1)作为我们的时代的治理理性的新自由主义;(2)作为一种强化和拓展了新自由主义价值观的补充过程的全球化;(3)这两大议题对方法论身份与实践的影响。通过全球化新自由主义,我们提供了一种提炼逻辑,这种逻辑对方法论风险和责任的政治可能性具有重大影响。

尽管我们将新自由主义与全球化联系到了一起,但这两者并不是一回事。尽管当下学术界有一种令人困惑的做法,随意将二者相互替换,看上去并不在意二者的区别,我还是写到了这一点。从福柯的视角来看,新自由主义在历史意义上表现为一种市场理性进入生活世界的延伸,此前,这一领域并没有更多地在经济层面上被理解。例如,新自由主义改变了我们对家庭的理解方式,它根据一系列关于信用评分、健康记录和教育表现的衡量指标来标注个体。

出于我的目的,新自由主义在全球化中表现为一种特定形式的治理术(governmentality)①,对以下方面给予特权:(1)过度个人主义(个体"自力更生",不论其社会地位与需求如何);(2)过度监视

---

①我在这里特指福柯(Foucault, 2010)对治理术(governmentality)一词的使用,其强调"治理"是指为了实现特定目标而试图在特定方向上塑造行为。

(个体应总是通过可量化的价值测定使自己可见并可知)；(3)生产力的经济决定性(个体的社会价值是由他/她对经济领域的贡献决定的)；(4)竞争性企业家精神(entrepreneuship)(成功的个体是那些能够利用市场条件提升自己社会地位的人)。尽管其他规范性的价值观也毫无疑问地为新自由主义做出了贡献，或在新自由主义的基础上得以拓展，为了概念上的清晰，我仅强调这四个元素。而且，新自由主义的一个重要面向是这四种(或更多的)价值观被作为社会规范、存在形式而生产，以至于个体可以自由地去选用它们——我们自由地调用这种新自由主义的假定，正如调用我们自身制造出的能动性。在很大程度上，新自由主义是通过主张自由是根据新自由主义规范而行使的选择行为来进行治理的。举一个非常简单的例子，我能够(自由地)进入一家鞋店并(自由地)购买我想要的鞋(只要它在货架上而且我有经济能力购买)。更贴合于这一章的焦点，我能够(自由地)选择任何方法论并(自由地)实施相关技术(只要它能生产出被认可的、具有自我解释力的数据)。自由成为新自由主义定义下的一项行动。

跟随福柯(Foucault, 2008)的观点，我认为新自由主义不只是一种历史情境，它作为一种政治理性而存在，带着它自有的关于我们如何理解世界并在其中行动的假定。作为一种理解的手段，新自由主义使某些认知与生存的路径变得可见，而阻塞了另一些路径。由此，新自由主义由一系列本体论和认识论假定延伸而来。正如奥尔森和彼得斯(Olssen and Peters, 2005)所指出的那样，作为一种政治理性，新自由主义是一种"经过了实践检验的话语，其包含在特定历史时期针对具体问题而产生的理论和观点"(p. 315)。因此，新自由主义使选定的问题易于识别，且使对选定问题的反应

被视作常识性的。便利的是,在新自由主义的框架下,问题和解决
方案通过上述四种规范化的价值观而动态地联结在一起。

例如,在方法论领域中,我们或许能认识到,通过将"他们"的
经验商品化,"声音的问题"被视为新自由主义将主体个体化的特
定关切,这是对历史上沉默问题的高度理性回应。因此,这里存在
着一些方法论策略,被调用去声称曾经以为寂静(缺乏声音)的地
方,现已有了声音。当然,想去抵制将被压迫民众的经验推向边缘
的传统本身并没有什么错:声音的幽灵往往被作为方法论程序的
一部分,以社会正义的名义去定位/隔离/提升声音。关键是,定位
特定声音的愿望经由新自由主义的理性被推向了一条危险的道路
(我将在本章后面探究声音的概念)。因此,简单来说,我们不妨考
虑一般意义上新自由主义对高等教育的影响,更具体地说,对方法
论学者产出成果的影响。

管理教育

在高等教育中,新自由主义的一种明显衍生现象是从专业主
义(professionalism)(赋予同行评价和晋升制度以特权)突然转向管
理主义(managerialism)(由可测量的产出成果决定的遵从与问责价
值观)(Olssen and Peters, 2005),而方法论领域当然不会对这一转
变免疫。的确,这种向管理主义的转向展现了由前述四项新自由
主义要素延展而出的特定方法论实践。以声音为例,方法论管理
主义的关键是单一声音中固有的过度个人主义,即一种将个体理
解为独立于群体历史的表征。这是区别于或独立于关系性情境的
声音。过度监视的原则鼓励方法论路径使单一声音彰显无遗,并

接受问责（accountable）。这是能动的单个个体的声音，这个个体对可产生可辨别性结果的可识别原因负有责任。因设立多个主体，方法论引来的监视将当下可见的主体置于新自由主义价值体系中，总是关注那些维持或拓展资本主义功能的规训行动。这些功能在不小的程度上被卷入声音和经济生产力之间的关联。可识别的声音由"高产"的个体拓展而来，你作为经济公民的实践赐予了你声音。在经济意义上不可靠的主体（未就业的、体弱的、残疾的、年老的，或其他边缘化主体）的声音被视作外来的或新奇的。最后，新自由主义企业家精神的假定将你的声音定位为商品——在（方法论市场）上进行买卖的东西。方法论管理主义的这些总体原则相互勾结，从规范理性中汲取灵感，这种理性促生了一种个性化的、静态的、可辨别的声音，而这种声音要对经济生产力的价值观负责，要对在方法论市场上被买卖的企业家主张的承诺负责。

在批判新自由主义对高等教育的影响时，吉鲁（Giroux，2014）指出了学院和大学的安逸状态，其受到"理性的呼吁"的鼓励，过分强调经济目标，并培养学生达到劳动力的技术要求。大学教师也紧跟潮流，他们"不像知识分子，而更像技术人员或基金申请人"（p. 39）。因此，作为信息的技术管理者的大学教师以新自由主义理性为自己的行动赋予意义。这形成了一个具有一致性的理性行动和规范功能的场域，对它进行批判则会对自己的专业身份提出挑战。法兰克福（Frankfurt，2009）指出了理性和一致性（consistency）之间的内在联系："理性之心在于达成一致性。"（p. 40）那么关系到我们的方法论分析时，如果我们离开了一致性会怎么样？而且，当我们意识到社会交往混乱且常常不一致的本质之后，会发生什么呢？仅因为他者的行动和被阐述的合理性看似不一致（特别是相对于全球化新自由主义价值观），就将他们视作"不理性"，那就太过简单了。

进一步聚焦于国家的当代政治考量，哈维（Havey，2001）指出，理性和效率的特权是新自由主义国家的事实伦理。所以，正如法兰克福和吉鲁所关切的那样，教育和研究等要素——承载着社会意义的社会过程——被商品化，这些要素只有在明显遵循理性的一致性原则的情况下才能得到承认。

这种对理性一致性的强调引导哈维（Harvey，2001）认识到大学教师的服从性的相应增长，作为一名"好公民"，有必要"在'国家优先事项'和'国家利益'面前出卖我们的学科"（p. 33）。"在我们的生存之外，唯一值得欣慰的是，这种心态与我们的道德义务感处于明显的碰撞状态"（p. 33）。或许，正是这种"明显的碰撞状态"使对方法论责任的重新思考及时出现：当我们对社会正义的道德感再也无法容忍新自由主义学术工作中的被动的技术官僚理想时，积极的变革或许会发生。

在学术界可以很明显看到，诸如终身职位或晋升等制度过程（例如，在简历中对所发表期刊影响因子的量化，或以外部资助的累计金额作为专业"价值"的象征），以及在课程管理中对兼职及合同制教职人员的更多依赖，给方法论工作及身份带来了显著的影响。方法论学者愈发成为这样的人：他们的专业知识源自管理数据和发展技术的能力，同时能够生产经过选择和编排的现实表征，并将其合法化。从这个意义上讲，方法论中层管理者可以被视作新自由主义的发展者，他们的行动使新自由主义有关意义和意义制造的价值得到加强。当然，这种新自由主义理性很难被局限在局地情境中。因此，新自由主义理性是通过它与全球化原则的共谋而得到拓展的。

正如本·克斯比(Kisby, 2014)所说,全球化是指个体与更宏大的社会力量的持续性相互依赖,这种依赖使社会干预成为必要,为变化的社会关系所带来的原本不可预测的结果赋予秩序。这种局地与全球力量的关系产生了一系列集体性焦虑,急需解决方案。例如,在教育领域中,人们非常关心美国学生落后于其他国家的同龄学生的现象,如在数学和科学领域。在这个意义上,全球化是一股坚定的势头,将一些地区视作"先进",而将另一些地区视作"落后"。许多被激活的政策努力和行政实践都是为了推动学生快速跟上广泛的全球化发展。

克斯比(Kisby, 2014)对全球化的概述的关键是政策制定者坚定地将其作为一种必须去应对的事实。这些应对表现为一系列的政策、主体性和实践,它们在实施过程中加速了全球化进程。因此,对假定现实的应对本身就维护了全球化的真实性,这种自我循环有增无减。人们当然可以在教育领域的方法论方向中找到这一证据。例如,为了知道学生能否跟上全球化的秩序,人们必须首先通过一系列可比性数据使学生的表现可见。为这类数据给予特权,这强化了所选择的方法,刺激了对"我们"与"他们"的焦虑性比较,导致了对诸如"不让一个孩子掉队"(No Child Left Behind)和"力争上游"(Race to the Top)等教育政策的理性实施。

全球化与新自由主义在关系性形式中相互交织,前者因后者的治理性价值而得以推进。例如,新自由主义原则与理性促使我们以数学和科学的特定标记将美国的学生判定为"落后"。而且,方法论学者作为中层管理者的身份越发凸显,在制造和维系某些技术中扮演了重要角色,这些技术使新自由主义价值在全球化秩序中得以被看见。这样,尽管区域性地点无疑会被用来与更大的全球情境作比较,但新自由主义和理性的灌注使当下的全球化走上了危险的道路。作为治理理性的全球化新自由主义的一种令人烦恼的体现便是方法论专家。

具身与具位于新自由主义秩序之中

为了将新自由主义与全球化之间的相互作用具体化,我想在这里停顿一下,以思考它们对具身性(embodiment)与具位性(emplacement)的方法论议题的关系性影响。当被放置在假定的全球化现实中时,新自由主义的基本理性强调了一个被控制在虚拟空间中的虚拟化身体。这一重叠过程的明显后果似乎是在重设新自由主义价值的过程中根除掉选定的边界。这个过程源自德勒兹(Deleuze, 1995)所谓的对"分体"(dividual)的创造——通过我们要生产的数据,我们为人所知(可见的、可认识的和可评估的)。分体是相对于更大的规范化人口群体而言的。所以,在理解方面,我的物理性"健康"与我在经济层面的"健康"无异。前者可以由血压、胆固醇计数,或由体质指数等指标来决定;后者则通常表现为近期无处不在的信用评分、工资,或债务等级。因此,身体被大数据规范化,这一过程导致了贝茨(Baez, 2014)所谓的"统计社会"。正如柏顿(Patton, 2010)所说,新自由主义治理模式强调对分体的提炼:

> 就分体而言,那里没有整体的人,而只有一些功能性方面的数字,各个方面依据特定的目标而被定义。分体意味着一系列资质或能力,如能够确保偿还银行贷款的金融手段或能

够参与既定研究课题的学术资质。分体的多样性组成不了人的群体，而只是一种被分析、被利用的数据库样本，仅服务于商业、政府或用于其他目的。(p. 96)

简言之，分体可以被视为人向数据的转变。一旦我的身体变成数据(这里同样是依据定义我的经济健康的新自由主义理性和价值来阐释的)，我就丧失了我的具身性的情感品质。尽管很可能在量化研究中才能最容易地认识到这一点，但这种现象也存在于质性研究中。这也许可以从两个历史事件中得到最好的证明：赋予语言学数据(及其生产和消费这种数据的方法和分析)以特权，以及将物质身体与空间视作提取数据的容器。

正如科尔(Cole, 2011)所言："当经济立场被考虑在内时，教育实践背后的很多认真的、善意的哲学和研究会被视作多余。"(p. 8)这就是说，有关劳动力准备和个体产出的经济考量挤占了有关议题、技能和知识社会的考量，这些考量没有与基于市场的价值直接保持一致。在这个图景中，引领批判方法论实践的"认真的、善意的哲学"急于使方法与可识别的数据形式的生产相一致。这些数据通过对传统分析的提炼式宣称变得可见。如戴维斯(Davies, 2010)所指出的那样，对固定主体的传统阅读强调新自由主义下对个体能动性的限制，个体"生成新想法的能力有所下降"(p. 54)。这种被削弱的能动性与作为新自由主义规范的一部分的超个人主义化同时发生。相应地，吉鲁(Giroux, 2014)指出了新自由主义在诸多方面剥夺了经济与政治话语和社会话语之间的一致性——通过想象的客观且中立的认知与行为方式，经济与政治理性与社会成本的权重被区分开来。其结果是，用吉鲁的话说，在经济、政治——我想再加上这一点——以及教育制度上"避开了批判思想与社会责任"(p. 37)。

鉴于新自由主义价值突出了分体的方式,而又一直抱有对统一主体的怀旧心理,我们可以更好地理解传统质性研究方法论如何管理这一明显矛盾。尽管这两种形态在一开始被解读为相互对立的形式,但其或许可以被更富成效地进行解读:将质性探究作为一种技术所达成的相互调和。在这个意义上,来自量化研究的方法、工具和实践允许各不相连的主体和逐一列举的表现性数据在表面上和谐并置。正如我将要展示的那样,传统的质性研究通过激活提炼逻辑(logic of extraction)来调和这种矛盾的价值观,提炼逻辑的理性强调数据(作为健康指标或完整主体的呈现)与物质情境的分离。这是作为调解技术的质性研究。在这两种对数据的呈现之间保持一致的是全部自我(超过当下环境的直接影响,一直在那里准备好被发现)和作为部分数据的自我(分体被作为一种有意义标识的自然产物、被作为经济意义上的身份与价值的替身)。

正如将对身体的呈现作为虚拟数据,全球化原则将空间虚拟化,通过方法论实践抹除了地理边界。特别是,莱斯和维斯托拉(Rice and Vastola, 2011)指出了新自由主义理性对我们是谁、我们如何去认知,以及有关存在的假定——分别为身份、认识论和本体论——的影响。这两位作者认为,新自由主义认识论"通常将选择的修辞性与经济不安全性与身份中断的现实相联系"(p. 154)。选择、不安全与身份之间的关联产生了"风险社会"的特定表现,在风险社会中,瓦解的社会支持系统被(再)呈现为一个对经济交往与定义进行果断选择的"机会"。相应地,这鼓励了一种对全球化"常识"的特定表述——借鉴经济领域的知识来定义行动、身份和价值。重要的是,这种规范化的新自由主义认知与存在路径被不断更新的技术所强化。相应地,这加深了规范化的认识论和本体论：新自由主义理性使特定技术成为可能。这些技术被新自由主义理性所驱动,也驱动了新自由主义的理性。蛇吞掉了自己的尾巴。对莱斯和维斯托拉来讲,这个循环的过程通过生产和使用数据——"漠视情境"和传递"同样老套的方法论"的"特定能指"来找到有意义的轨道(p. 155)。这个过程需要的是能够熟练操纵技术、为了消费而展示和诠释数据的人。接下来讨论受过教育的(读作：被规训的)方法论学者。

对作为技术官僚的研究的当代(新自由主义时代)展现与作为治理人口的现代国家的生产(其本身需要规范化的控制技术)之间仍然存在不稳定的结盟。如福柯(Foucault, 2003)所指出的那样,现代国家根据对人口的考量——在特定的领土对大规模人口进行管理——使用精选的技术。随着人口问题的到来,现代国家需考虑提升人口的健康水平,如出生率与婴儿死亡率、信用评分、识字率等要素,这为强制性规则提供了治理理性。教育被用于强化特定的规范,去生产一定程度上的自我控制。[①] 在这一格局下,技术精英享有最高统治权,为人口生产出来的信息提供秩序(规范)与连贯性。所以,教育研究者扮演的是这个系统中的规范化角色——不太会挑战他/她作为研究者的用于诠释和传播信息的技巧和能力。这就是作为教育研究者的官僚,"心系社会秩序、人

---

①也许很明显,这一关于教育系统在维护和扩展规范化制度中的作用的观点,与阿尔都塞(Althusser, 2014)的意识形态国家机器概念一致,暗示了一种基于资本主义生产观念的意识形态。因此,正如阿尔都塞所说的那样："事物和人都是'靠自己走的'。"(p. 93)

口福祉和公民培训……这种官僚脱离了他／她的伦理性与个性……致力于(作为"客观""中立""非人化"和"抽离"的人)涉及对人口的管理"(Simons, Masschelein, and Quaghebeur, 2005, p. 821)。这种对抽离(detachment)的官僚式强调与秉持提炼逻辑的全球化新自由主义价值保持高度一致。方法论意义上的官僚主义依靠研究技术人员来持续推进。这是一种对探究过程和影响它的道德价值的抽离。如其他学者所说的那样(参见Hunter, 1994;Simons, Masschelein, and Quaghbeur, 2005),这些研究者也不可避免地参与了教育活动——在提炼逻辑和以推理取代意义生产的视域上培训未来的研究者。与其冷漠地退出这些被社会化了的价值和实践,任其持续再生产,我们需要确立在探究方面的道德立场,以必要的变革为前提。这或许延展了对方法论事业的批判式参与。

新自由主义对专业知识的宣称

很重要的是,治理我们的生活——同时也使我们的生活可被治理——的是专家产出的知识,这一特殊要素对教育理论和实践似乎产生了重要影响。这在很大程度上影响到了研究专家的构成与角色——他们的身份在很大程度上是通过一系列重新整合了的实践与技术制造出来的。人们对是否可以宣称自己为方法论学者以及这一称号在教育话语中的含义感到焦虑不安。这些宣称通常设立了对在当下时代何谓方法论风险与责任的假定。在一定意义上,我对当下教育专家之展现的讨论与迈克尔·阿普尔(Apple,

2005)有关新管理主义——保守性现代化的一个建设性因素①——的理论不谋而合。对于阿普尔来说，新管理者为实施和管理保守性现代化政策提供了技术支持。新技术者是技术官僚，是那些致力于阐明与维系新自由主义结构的专家。这里保留着固化的有关探知的程序——不断打造旨在生产提炼式数据的限定方法论，通过抽离的分析机制走向意义。对于方法论中层管理者而言，有关风险和责任的考虑似乎令人失望地聚焦于风险技术和探究技术。我相信，这是我的辩友使用的思路（参见第1章），他摒弃了将风险视作使传统方法与时俱进的过分简单化的努力。如果真的是这种情况，我想我会赞同他："不，采用传统方法去探究确实没什么错。"但是这错过了手边的更深层次的问题：我们需要质疑那些给予传统方法规范化可见性的理性本身和逻辑系统，及其未涉及批判性参与风险的理所当然的一致性部署。或许我们可以肩负批判性的责任，通过拓展有关专业知识的不同考量，更多地去打乱而非默许。

打断性（disruptive）的方法论可能

从批判地理学的角度来看，新自由主义的批评者指出了，为了实现更普遍的（和可推广的）价值观，要试图在全球化市场中寻找联系来摧毁距离、地方边界和历史。以这个思路，局地被归入了全球及其相应的新自由主义理性之中："局地只能通过与全球认识论的冲突被定义。"（Rice and Vastola，2011，p. 156）这导致了

---

① 在高等教育领域，关于新管理主义的分析可参见 Aaron Kuntz，Ryan Gildersleeve，and Penny Pasque，2011，"Obama's American Graduation Initiative：Race，Conservative Modernization，and a Logic of Abstraction"。

"全球对局地的影响过于饱和"(p. 159),放弃了微观或即刻的历史、传统和价值观,服务于那些(往最好了说)模糊或(往最坏了说)抹除了地区性差异的普世化价值。尽管传统方法论可以通过提供方法来固化新自由主义意义上的意义制造以拓展这种抹除过程,但这里还存在着可能性,我们的探索实践可以更富有成效地打断这种规范化实践。

莱斯和维斯托拉(Rice and Vastola, 2011)指出了认知技术、新自由主义与全球化情境,以及对能动性与身份的特定体现这三者之间交叉的当下后果:"我们已经生活在这样一个时刻:身份、能动性和自由选择的概念,在它们与新技术的联系中,始终无法描述与全球消费驱动的经济需求不一致的实质性多样性。"(p. 149) 在这个意义上,我们当下的情境与技术勾结在一起,生产特定形态的能动性与身份,其定义借鉴了"全球化的、消费驱动的经济必要性"(当然,其源自全球化和新自由主义原则)。面对这一情况,莱斯和维斯托拉将当今这一时刻解读为"真正的变革"的可能性(p. 149)——所谓的存在于新自由主义规范化定义之外的新的身份、行动和认知路径。有些时候,我和他们一样乐观。确实,如果"真正的变革"要发生,它或许是因为新的认识论与本体论假定被合理化,甚至被必要化。这种可能性源于我与福柯对世界所持的批判取向,也就是过度悲观的行动主义。

这种对全球化与新自由主义的当下关联的概述是主导我们时代的方法论思考的提炼逻辑的背景。的确,如下一节所展现的那样,提炼逻辑拓展了新自由主义价值观,使方法论工作适合我们的全球化时代。提炼逻辑是新自由主义政治理性的一部分。这种延伸可能在方法责任和风险的形成中最为明显,对我们如何理解以社会正义的名义进行的调查产生了非常现实的影响。

提炼逻辑和社会正义工作

整体上讲，我所谓的提炼逻辑是指一种保守的理性系统，这种理性给予跨越时空的、缺乏具体物质环境的、分离的、完全可知的事实以特权。这种逻辑既借鉴了全球化情境中的新自由主义价值观，又为其提供了依据。我强调提炼一词，是因为这一逻辑系统（追随福柯的思想，一些学者将其命名为针对真相的方法论统治）假定获取知识的最高效且有力的方式是将事物抽离其存在的具体情境而使其变为"可知的"。所以，"最佳"方法是那些能够加速提炼过程的方法。在这个意义上，提炼逻辑服务于新自由主义工程，并为其赋能——主体通过提炼成为被知晓的，一旦被提炼，他们就被呈现为赤裸裸的定义，并且和其他被提炼的主体产生关联。

由此，提炼逻辑提供了独特的方法论后果，而且在某种程度上被理解为富有成效。从一开始，提炼逻辑假定关系和过程为一种固定的状态，与具体浮现的情境相隔绝。因此，那些关注提炼逻辑的方法擅长制造事物(thing)，也就是分析的目标。目标——以及关系到其定义的合法化的方法论工具——能提供完整的、彻底的知识的幻觉：事物可以被（也应该被）充分地知晓。这种确定性提供了对（被提炼的）研究发现的信心，这对学生及老练的研究者等很具诱惑力。它提供了秩序化的知识，一种幻觉，认为人们可以通过抽取或提取他想要研究的东西来形成理解。正如人们可以想象到的那样，历史上，许多方法论实践都被用来处理提取逻辑。这是能够强行将凌乱的意义变得有秩序的技术，在方法论教材中通常占据第一位,导致了对方法论取径的"走马式观光"。尽管这些课本或许能提供不同的章节,如现象学、扎根理论或案例研究,但这些章节因对提炼逻辑的拥护而联合在了一起。①

当然,尽管提炼逻辑使特定的存在、认知与探知的方法成为可能,但对这种视角的拥护排除了其他本体论、认识论和方法论实践。或许最重要的是,提炼逻辑假定了研究目标的固化与静止,从而使关系性的存在与认知成为不可能,根本没有办法去处理研究者置身其中的无限过程或关系(将研究者置于研究现象之中通常被负面地视作偏见,需要严格的方法论来进行规范)。这种提炼逻辑只有在一种疏离的视角下才能运作,探究者果断地站在他/她所探究的事物之外。这对那些致力于促进社会正义的批判方法论学者有着明显的启示:社会变革只能发生那里,远离研究者沉浸其中并熟知的具体情境。在这种情况下,社会变革是必然被程序化了的。

作为分类的机制,提炼逻辑作为探究程序化的驱动力量,赋予提炼方法以有效性,并为支持这类做法的理性赋予了历史合法性。此外,提炼逻辑必须被理解为新自由主义的产物——一种持续的政治理性,具有特定的价值观和假定,反过来影响到方法论工作的日常实践。那么,这种提炼到底是什么样的,又产生了怎样的影响呢?

---

①正如本文的一位匿名评论者所说的那样,这就是"克雷斯维尔的五种(Cresswell Five)"研究取向。当然,这个短语指的是克雷斯维尔(Creswell,2012)广受欢迎的著作:《质性研究的五种取向》(*Qualitative Inquiry and Research Design : Choosing Among Five Approaches*)。这本书已经在许多领域的方法导论中站稳了脚跟。它的介绍性材料适用于提炼逻辑,特别是在脱离以社会正义之名进行变革的批判性框架的情况下,更是如此。

提炼环境

在一般意义上，《牛津英语词典》将动词"提炼"定义为"抽出"或"从置身其中的事物中拿走"。该术语后来的定义指向了这种移除的力量："用力、努力……撤出"和"违背某人的意愿……去抽出"（"提炼"）。我引用这些定义是因为提炼工作在探究过程中太过常见——例如，为了分析而提炼"数据"几乎是常识性的，且提炼工作一直在持续进行。在我自己与学生的研究以及和同事的方法论对话中，我常为之震惊，即，意义制造的提炼程序并没有产生任何后果，而成为自然发生的意义制造的事实，却没有该术语的次要定义所暗示的暴力性的移除力量。

思考一下标准化访谈（前文提到的一种生产声音的重要技术），其中参与者的意义表达被简化为数据文件中的声音，而后又被处理为文字记录（由此，访谈的实际事件已经从物质情境中的互动式讲述［访谈］转变为无实体的声响［录音］，再到文本［转录］），然后通过一系列编码进行分类，它们可能被认为是相互关联的，也可能不是相互关联的（现在由文本表征的声音和经验转向纯粹的隐喻表达），接着被放置在揭示证据的文本（文章、手稿或论文）中。这种探究过程迫使意义制造成为僵化的脱离肉体的隐喻关系——声音、文本、文字和叙事，这些内容顶替了根植于物质的体验（当然，这就是隐喻的性质——替代某种事物，但不必成为这种事物本身）。还要考虑到这种与常识性实践密切关联的情境转换：当书写文本被生产出来之时，我们失去了访谈的物质情境，转而选择了纯粹的基于文本的关系（编码在与其他编码的关系中寻求意义，隐喻在与其他隐喻的关系中寻求意义）。在许多方面,情境被去情境化。而且,这一技术过程是通过选定的产品来驱动的:访谈录音、转录、编码、写出的报告。这些产品合在一起,则意味着进步——朝向终结性意义的稳步运动。单独来看,这些产品可以作为"适当"的意义制造的证据(它们呈现了有效性的合法标志)。[①]

当然,这些看似简单的自我、声音、文本和产品之间的运动并非没有后果——这些方法论步骤在揭示影响其自身的逻辑时一定会受到困扰。重要的是,我们不应忘记这种移除的力量或确定的隐喻关系——提炼数据从来不会是一件容易的事,不涉及任何政治后果。在调查过程的程序化中,有一种在传统上被忽视的暴行。在我们对方法的固化中,我们可能忘记了那些使这种提炼成为可能的基本假定。我不相信这个过程,尽管它在编码或组织上是令人愉快的,是实现意义制造的最佳路径。这种效率是有后果的。因此,更专注地审视访谈的问题可能会有所帮助——在传统做法中,什么使得一切成为可能、如何使其为人所知,以及什么可能被忽略。

理解存在:访谈的问题

为了将访谈作为一种制造意义的微妙的常识性方法来思考,我以赛图(Certeau,1984)引用过的一个关于存在与诠释之冲突的典故开始:"当别人问他一首奏鸣曲的意义时,他的回答是,贝多芬

[①]从诸如伦理审查委员会等制度性学科机制所带来的焦虑中,我们可以看到这种技术有效性标记的特权。我所在的学院要求保存好转录记录和编码本,录音文件也必须在完成转录后立即销毁。事实上,处理此类探究问题的程序化细节非常之多,令人震惊。

只是将曲子弹奏了一遍。"(Certeau,2011,p. 80) 我们在质性研究中似乎经常向人们询问其行动背后的意义，或对某一事件的解读，冒着看不见事件发生的过程本身的物质性风险。简言之，在我们生活的日常实践或意义制造中设立一个分析对象似乎有些奇怪。然而，当然，关于质性研究的书籍可谓汗牛充栋——其中包含大量的从观察中提取意义的编码技术和程序，如访谈转录。这些程序都致力于更好地界定或更高效地生产我们作为已知对象的经验。也许在这类文本中，最普遍的研究实践形式就是访谈。无论在形式上是标准化的还是开放性的，访谈都能持续地提供更直接或更间接的经验表征的生成机制，这些经验是以语言为中心的数据结构，其诠释时机已然成熟。对我而言，对诠释的固化似乎具有特殊的后果，而在方法的讨论中往往没有这种后果。特别是，这种公式化的探究取径忽略了我们存在模式上的物质印记，它试图包含生活的动态轮廓。更简略地讲，走向分析的过程往往伴随着一种有关提炼需求的令人不安的主张——缺乏关系的物质流，我们无法知道任何本身不存在或不可能包含的事物。

因此，我想知道在质性探究中我们的实践要求他人对故事进行诠释的多种方式。他们对故事的理解超出了自身的体验。在质性研究中过于强调访谈作为理解经验和制造意义的机制，似乎特别能说明这个问题。

在传统访谈中，提炼的简化部分表现为它以意义制造的名义，迅速而轻易地走向表征主义（representationalism）。表征主义源于笛卡尔的世界观，强调内部与外部、认知主体（生成体验的局内人）和更客观的观察者（进行解释的局外人）。这种对局内人经验的真实性的信念，呈现为共享的外部语言，是一种广泛的文化假定，由个性化的消费社会来推动，并由提炼逻辑来支撑。通过这种方式，传统的访谈使全球化新自由主义情境中的价值观得到了升华和延伸。的确，麦克拉伦（Mclaren1995）对美国"掠夺性文化"的表述在这里具有启发性：

> 在高度碎片化和具有掠夺性的后现代文化中，民主凭借控制意识和符号化及规训身体的权力得以确保，其通过绘制和操控声响、图像和信息，并迫使身份以越发孤立和分离于更大社会背景的主体性的形式进行避难。（p. 117）

这里麦克拉伦指出了新自由主义文化与那些维持孤立感和疏离感的阐释操纵技术之间的交叉。通过将认知从存在中分隔开来的方式"绘制"他者的经验，传统形式的访谈促成了"高度碎片化和极具掠夺性"的现状，这对寻求社会变革的社会正义项目是不利的。对传统访谈的批判性分析揭示了方法既反映又拓展了这种规范性过程的诸多路径。

在我教授研究生质性研究课程时，我经常被一种强烈的欲望驱动——代表学生和他们的导师——去了解"合适"的"做访谈"的方式，也就是说，人们仍然非常关注撰写访谈提纲、提出问题、录制受访者反应、进行转录和编码，以及沟通结果的程序性行动。在很多方面，这是访谈的一种规范化——通过启用选定的约束条件和既定的程序来形成一种方法。当然，这种规范化也具有双重性：被设定的方法和研究者都会受到约束（类似地，在研究课堂上，教师和学生都会对这种规范化做出反应，都会受到他们所讨论的访谈方法的影响）。借用麦克拉伦的话来说，传统访谈呈现了一个高度碎片化的、被操纵的现实版本,这种版本将物质情境化的体验从它们的发生情境中孤立和分离出来。的确,生产访谈的过程——被研究者所见所知——将其限于事物的状态,即一种为了诠释市场(interpretive market)而被包装起来的商品。随着访谈的推进,这里存在多个层次的损失——例如,关联的物质环境在访谈的音频录制中消失了,生活情境中的物理特征(长时间的呼吸、深思熟虑的发音)也消失了。简言之,传统访谈可以用马克思主义的术语解读为程序性的物化体现:从物质关系中生产事物——在这种情况下,即为访谈。将访谈作为商品或以其他具体化方式重新整合的程序,服务于谁的利益?

在这种情况下,方法论学者从这种具体化的轻松工作中获得了可识别的专业知识——设立可见的访谈对象,这些对象可以承受诠释的权重,并将其作为意义的标记。当然,展现于访谈生产过程中的提炼逻辑和更宏观的社会政治趋势也与情境相交(也就是访谈实践及其后果与新自由主义的更大的有序展现之间的联系)。这种情况强化了一种需求,即重新思考我们对方法论实践的责任。

这种对访谈的模式性事物化(thingification),在促成了一系列被提炼的可能性的同时,并非没有造成后果。仍然令人不安的是,反复使用这种程序导致了系统性提炼,将"做访谈"的合适方式合法化(在我试图有效地打断这种轻易的提炼时,学生们不可避免地表现出沮丧并对我翻白眼)。事实上,我经常说,或许我的工作是让提炼变得更加困难,而不是使从物质事件到访谈事件的过渡更容易。

超越我们对传统访谈与正在推进的物化过程纠缠在一起的认知,我认为对访谈的规范化使用被福柯(Foucault, 2010)所谓的权力技术(technologies of power)所束缚。这些技术旨在生产关于人口和个体的知识。通过将身体和物质环境抽象化,访谈者转而强调对意义的过度语言诠释,他们提供了一系列狭窄而又简单的诠释行动。这种收窄了可能性的做法仍然是治理术的关键组成部分,治理过程旨在限制可能的行动,从而提高政府治理或控制的容易程度。治理术产生了"行动之于行动",放弃了对身体的严格控制(如福柯的规训理论所示,在我之前对访谈的分析中也有提及,即访谈对方法和方法论学者进行了规范化),而倾向于对特定的感知施加限制:什么可以被知晓,以及在特定情境下什么行动是可能的。治理术强调改变"游戏规则",将其视作实现特定目标或目的的机制(因此,治理术并不直接作用于身体本身——改变规则会让我们相应地改变我们的实践)。通过这种方式,知识的对象不是物质身体或环境,而是活动和为其赋予意义的理性的生产。这就解释了为什么学生和他们的导师专注于访谈的正确规则,规则启用了一种治理的力量。方法因此成为一种治理工具,方法论学者又辅助推进了这一过程。其结果都是一种社会顺从性,重新唤起了认知和探知的规范方式。通过传统的访谈,无论访谈者的意图如何,访谈都回到了笛卡尔的二元性,从意义制造的过程中提炼出身体和物质世界。在没有身体和物质情境的情况下,我们再次成为主体,而不是生产我们自身意义的从容的参与者。传统访谈产生的效果不仅是一种方法,而且是一种位于特定当代情境中的技术。在这个意义上,我们应适当回到受到嘲讽的"研究对象"一词:我们将他者置于访谈之中,正如我们将自己置于访谈技术的逻辑中。我们都是研究对象,简单地声称"研究参与者"这一委婉的术语并不能改变这种情况。

如布莱克曼(Brinkmann, 2011)所说："现代消费社会是一个访谈社会。"(p. 57) 布莱克曼继续指出，访谈之所以能享受这种合法性与特权，是因为它的"基于对话、叙事、共情和亲密而形成的更柔和、更具诱惑力的权力形式"。因此，访谈在我们的当代世界具有双重诱惑力：它作为一种旨在从参与者那里引诱出真相的技术而存在——一种针对他们生活的内部叙事的方法——尽管它引诱研究者以整体或统一的人本主义主体的名义去从事自己的事业。作为一种被物化了的事物，访谈激活了一系列文化规范和价值观，它们将遭遇外部经验的被限制的自我合法化和特权化，从而产生"独特"的个人见解(你的经历是你自己的——你的叙事是独特的——通过方法的魔力，我既可以尊重其独特性，也可以将其与更大的文化经验和/或文献中的选定主题和理论联系起来)。从这个意义上说，访谈者和受访者都沉浸在人本主义的"舞蹈"中，每个人都坚持将访谈视为"自我的中心技术……在这里，没有什么是被隐藏的，也没有什么是必须被隐藏的，自我是经过了商品化的对话产品"(Brinkmann, 2011, p. 57)。封闭的、可控制的自我是通过访谈技术被创造出来的，以使它之后可以被消费。因此，人本主义舞蹈表现出它自相残杀的特质。

此外，传统访谈过程保持着对身体的神秘化，允许研究者保持距离，即(错误地)认识到研究者与参与者的身体不再重要。因此，例如，在质性研究中，使用访谈从物质性和具身性的情境中提炼语言并将其作为数据，这些语言是在这样的情境中被言说和表达的。这使得布莱克曼声称："今天的很多访谈也可能是基于……旁观者的立场——偷窥者的认识论或一种关于眼睛的认识论。"(p. 59) 研究者的特权是保持一种提炼的、无实体的、旁观者的姿态，这里再次强调了批判性质性研究试图干预的非常不公平的权力构成,也是在人本主义主体中产生的。那么我们该如何改变这种情况? 我们该如何干预这种方法论治理?

伊丽莎白·圣皮埃尔(St. Pierre, 1997)主张的探究方法则从人本主义转向一种新兴的后结构主义主体性(poststructural subjectivity)。主体与主体性的区别是重要的,因为它标志着从提炼逻辑向更偏关系化的身份认同的转变。人本主义主体强调的是封闭的、静态的主体,而这个主体又建立了一种清晰的内部和外部感(一种将个体与他/她所处的多重情境区分开来的割裂感)。这就是被传统访谈追寻,并由传统方法论制造出来的主体。静态的人本主义主体表现出强烈的自我界定感与决心:我有一个核心自我,可以被人所知,并在时间和空间上保持不变。追溯人本主义主体的后果是揭示出被特权化了的主体随着时间的推移被赋予更多的合法性。随着每一次被激活,规范化的主体会(重新)声称其特权,就像主体是众所周知的一样。在当下文化中,这些主体往往是根据全球化新自由主义价值假定进行推广的,例如,在社会中一名生产性的公民或可被识别的人意味着什么——通常要根据经济主张来判定。

与静态的、非历史的人本主义主体相比,圣皮埃尔提出了后结构主义主体性,这是一个持续的形成过程,从多种往往相互矛盾的话语中建构出来,没有独特的中心本质或永恒的真相。因此,后结构主义主体性削弱了对定位"真实"自我的考量或实现自我的发展叙事的担忧。通过提倡以后结构主义主体性取代人本主义主体性,圣皮埃尔(St. Pierre, 1997)提供了改变传统上我们创造意义的惯习性逻辑系统的伦理义务。用她的话来讲,我们必须"以与以往不同的方式去思考"。如果我们认真看待圣皮埃尔的观点，我们必须放弃人本主义主体的舒适语言——不能再去宣称达到了主体的"核心"或"真相"的假定价值。我们可能不再要求研究参与者讲述被假定的生活的线性轨迹，不再使用传统访谈等技术使这些线性轨迹更可见。简言之，圣皮埃尔夺取了我们的人本主义"母语"，而为我们设定了"解放"我们自身的任务。正如圣皮埃尔所指出的，传统的方法论，如标准访谈，几乎没有破坏人本主义主体的产生。事实上，这些方法论通常会重新创造这样的主体。

在访谈的情境中，对人本主义主体的取代扰乱了在当下情境中享有特权地位的规范性主体地位。而且，这样做为认知和存在的新形态腾出了空间。取代人本主义主体的探究拒绝了一个中心化的、被控制的个体，这个个体可以通过限定的方法和提炼的环境为人所知。传统的访谈可能会失去其统治力。为了实现这种向后结构主义主体的转变，我们需要开辟另类的认知、存在与探知的道路。我们需要发展出并非建立在提炼原则上的思维方式。

回应提炼主义逻辑——新的负责任的实践

为了有效地回应传统访谈中的提炼假定，重新想象我们如何探知以及影响我们认知的日常实践可能会有所帮助。赛图（Certeau, 1984）的学说在这里被证明是有帮助的，他对研究方法保持着怀疑，怀疑方法所宣称的特定的知识形式。对赛图来讲，方法试图推翻和分离他所谓的"知与行之间的关系"（p. 65）。使用本章到目前为止所用的语言来说就是：方法从施行的过程中提炼认知。在这个意义上，方法"将被话语阐明的实践与未被阐明的实践区分开来——它切断了可能性,以利于有序的确定性"(p.65)。这里的方法有一种特别隐蔽的缺点,导致存在的一些元素被知晓或被认为是可知的,而其他元素则被忽略,呈现于传统的知识结构之外。考虑到前文描述的全球化新自由主义、提炼逻辑和程序化方法之间的封闭且排外的关系,赛图或许推进了一种有用的思考,这种思考关系到这种关系如何为传统探究提供社会合法性,进而成为一系列建立于排除其他可能性之上的有价值的实践。

在本章中,我特别感兴趣的是,赛图对方法的感知是一种通过提炼日常事件并使其成为"事物",来建立所谓的——真相讲述。当然,这些都不是非政治的行动。这使得赛图去提问,那些没有话语的实践——也就是存在方式——会发生什么改变,或使用他更直接的表述,即"没有书写的话语"(p.65)。① 那些没有被提炼逻辑的概念之网所包围的物质实践会发生什么改变? 那些在传统研究范式中无法被解释的过载(excess)会发生什么改变? 这些都是日常生活中的实践,在赛图最知名的文本的标题中有所提及,我相信,它们提供了在教育探究中经常被否认的物质情境。因此,方法提供了"适当"的分析,将言语和行动转化为事物,而这些事物在理论上可以替代生活。这种情境的力量在于将研究固化为经验,将其作为被提炼的事物;经验被作为日常生活的代理。想想我们在质性研究共同体中用经验来表示生活或存在的多种元素的诸多做

①有趣的是,赛图的"没有书写的话语"概念与卡伦·芭拉德(Karen Barad)关于物和话语的相互建构性的观点在批判性方面有一定重叠:"话语实践与物质现象之间不存在外在性关系;相反,物质和话语在动态性的内部关系中相互牵连。"(p.152)尽管对话语与物质的系统性解释超出了本章的范围,但当读到芭拉德对话语的物质性的主张时,赛图的论述被赋予了更具动态性的意义,即话语如何从物质性语境中提炼可识别的实践。关于芭拉德对内部关系的阐述,在第3章中进行了更具体的探讨,这与一些学者所说的批判唯物主义或新唯物主义相关。

法。我们要求研究参与者在访谈中讲述他们的经验，我们将他者的经验转化为新的情境，等等。通过这种方式，我们调用经验一词来表示对人本主义主体的方法论捕捉。

这种对经验的方法论执着导致了戴斯迦雷斯（Desjarlais，1997）去质疑它作为对活生生的物质现实的总体表征的有用性。在一项针对马萨诸塞州波士顿地区精神疾病患者的批判性民族志研究中，戴斯迦雷斯提出了一项文化假定，即经验是通过内在性发展起来的，这种内在性将时间和空间无缝地连接成关于存在的某种可辨别的叙事。这是我的经验。让我为你把它框定起来。它从这里开始，到那里结束。它的核心，就是我。相反地，戴斯迦雷斯发现他的民族志参与者并没有像在传统的质性探究中那样去体验世界。他们缺乏穿越时间和空间的连贯的自我感知。缺乏这种体验，他们就是不被识别的（或不可识别的）主体。他们缺乏连贯的叙事经历仍然是其精神疾病的象征。通过不去声称某种统一的经验，他们被永远从标准化方法的诠释镜头中移除。他们的日常生活实践超越了传统研究方法及对其产生影响的提炼逻辑所触及的范围。因此，戴斯迦雷斯拒绝将无家可归者收容所的居民放置于提炼的经验领域内。在这样的过程中，他发现传统的方法论形式令他失望。这就带来了一个我经常问学生的方法论难题：如果经验这一术语不再适合我们的探究项目，那么我们该怎么办？如果这个术语从方法论循环中被剔除，我们会失去什么——实际上，我们会得到什么？考虑到这一点，我们该如何看待经验的这种概念覆盖，将其作为人本主义主体的延伸和指示？用德里达（Derrida，1983）的话讲：我们怎么能不去思考经验呢？

尽管戴斯迦雷斯有力地质疑了我们对经验的依赖，但我担心我们的传统探究方法并不能充分地打断提炼及隐喻依赖的理论基础。的确,最常见的情况似乎是,被践行的探究重新肯定了这种提炼,也就是将经验规范化,例如,过度强调对经验的语言演绎,而非存在或生活的物质情境。

回到赛图(Certeau, 1984)对方法的批判,其揭示了在当代我们对提炼的执着,因此,我们只知道那些被运输的(transported)、与存在情境隔绝开来的东西。赛图写道:"根据定义,无法根除的东西仍然存在于研究领域之外。"(p. 20) 在这个意义上,研究实践旨在根除(或提炼)部分意义,然后将所有其他内容视为过度的或超出研究项目范围的,进而剥夺其合法性。因此,质性研究者只剩下赛图所说的"可移动元素"(moveable elements)。这些可移动的元素往往是我们研究的对象,与其运输的物质情境相脱离,且相距甚远。或许我们有责任以其他方式思考、行动与存在。为了做到这一点,我们可能需要对那些我们认为值得进行批判性探究的现象进行不同的定位。

与赛图所谓的被提炼的方法论程序化造就的"可移动元素"相一致的是,他对自上而下的知识和自下而上的知识做了区别,这分别导致了战略性(strategic)、战术性(tactical)的知识构成。自上而下的知识提供了地图和"观光知识"(tour knowledge),即静态的、限制性的、被秩序化的空间,以及被规定的、被人为打造的地图知识。根据赛图的说法,这只会让研究者获得战略性形式的知识:从局地情境中提炼出的主体,而不是仅仅根据更宏大的社会制度来理解。在一定意义上,自上而下的知识提供了戴斯迦雷斯试图抵制的经验地图。正如肯维与海奇-穆迪(Kenway and Hickey-Moody, 2011)所阐明的那样:"地图和观光调节着知识和权力……观光知识是关于'如何做'的知识；它引导人们按照限定路线前行，并向他们展示如何按路线行事。"(p. 153) 具体而言，在我们的方法论工作中，我们似乎过于关注有序的地图和程序化知识的生产，以此来呈现我们的研究。方法论程序描绘出经验，将存在和认知的方式限制在这个术语所包含的逻辑过程中。这个过程最终让戴斯迦雷斯失败了，他没有多少方法论上的依靠（值得注意的是，他回归理论，将其作为一种手段来激发参与者超越经验范围的意义制造；派蒂·莱泽[Lather, 2007]同样提及了这种必要的理论转向）。然而，使用传统方法论并非没有生产性的力量。可以推测，这些活动将方法论实践者重新强化为探究领域中的可独立成长的公民；也就是说，由于他们的立场建立在提炼的基础上，方法论技术官僚冒着很小的风险，希望方法能更好地获得战略性的（规范性与合法性的）知识形态。方法论学者成为观光的操纵者，将破旧的街道地图小心地藏在腋下。这是作为中层管理者的方法论学者，他/她说出的真相是被提炼出来的真相，经过了商品化，并为同样疏远的消费者预先包装起来。的确，赛图(Certeau, 1984)指出了规范化的认知方式和战略性知识之间的关联："政治、经济和科学理性都是在这个战略模型上构建起来的。"(p. xix) 显然，我们可以在这个强有力的组合中加入传统的方法论理性。

相反，赛图所谓的自下而上的知识是没有受到管制的，是通过直接的、身体的、街巷的、即刻的和物质的错综复杂的感官而获得的(Kenway and Hickey-Moody, 2011, p. 153)。这种战术性的知识是有风险的，因其随着领域发生转移和变化，颠覆了那些使传统方法中可靠的秩序成为可能的过程。这种展示是即兴的、位置无涉的、自发的创造力时刻。没有战术的"合适"位置，所以它们不能根据标准化的方法路径被识别,因此,战术永远不会被固化。正如赛图(Certeau, 1984)所写的那样:"没有理性的透明度,[战术]对管理者来说就是不可能的"。(p. 93)使用自下而上的知识不可避免地拒绝任何方法论中层管理的可能性——方法的技术和程序不太稳定,不容易被限定。后果是,方法论学者的身份本身受到了质疑:如果没有研究程序的仲裁者,方法论学者是如何被人所知的? 他/她在该领域的角色是什么? 这里有一个赛图关于探究实践的工作和将在第4章中详述的福柯的直言之间的交叉:两者都强调了那些颠覆使人成为或将人标记为(方法论层面的)公民的实践与关系的本体论和认识论取向。它们是拒绝了规范化程序的探究实践,并根据对存在与认知的日常实践的唯物主义参与来运作:"身体、街巷、时刻、物质感官"。在传统方法论中,依照提炼逻辑进行的操作不能成功地去定位或调整战术性知识。

作为认识论假定、探究实践和方法论身份这三者通常被物化了的相互关系的一个例子,我们不妨再回到那个有关轻易性的例子,在这个例子中,提炼的程序化促进了声音的清晰、统一和本质主义的愿景。这种声音可能是我之前概述的线性的、既定的研究程序的产物——从访谈到录音、转录、编码,再到最终的书面文本的那种轻易性。这些使得研究参与者的声音被知晓,并对其声音进行了诠释。正如梅兹与杨布莱德-杰克逊(Mazzei and Youngblood-Jackson, 2009)所言:"这种动力使声音被倾听和理解,将意义和自我带到意识之中,创造超验的、普遍的真相,指向了声音在传统质性研究中的至高无上地位。"(p. 1) 通过在我们的方法论工作中追求声音的首要地位,这个概念已经失去了物质属性。声音代表了对其他事物的隐喻,但我们经常将它当作事物本身。

使用赛图的语言，我们在方法论层面上主张声音，但忘记了它是一种可移动的元素，从其创设的物质情境中被运输出来。那些无法去除的东西——与声音一起被提取——仍然处于研究领域之外，这是在传统探究过程中很少被承认的空白。

在反对传统形式的质性研究的论点中，杨布莱德-杰克逊与梅兹（Youngblood-Jackson and Mazzei，2012）指出了一种简化的特性："机械式的编码，将数据简化为主题，书写几乎无法批判社会生活之复杂性的透明的叙事。"(p. vii) 过度依赖这种程序化的研究方法，使得某种方法论身份成为可能，这种身份强调了为"捕捉"意义而进行的分类和固化知识的技能。杨布莱德-杰克逊与梅兹继续写道：

> 好的方法论学者要学会组织他们的"所见、所闻和所读"，以理解和呈现他们学到的东西。受过良好训练的方法论学者要认真学会关注他们的田野日记和数据转录，以分类、筛查和识别从数据中浮现的编码和类属。(p. viii)

这种数据管理的生硬形式产生了合法的"生成理解"的程序，为了定位完整的整体，而强调必要的简化成分。这就是说，作为数据管理者的方法论学者栖居于固定化之中：为了固定完整的主体而固化意义。尽管我并不像杨布莱德-杰克逊与梅兹那样迅速拒绝使用方法论学者一词（他们指出自己可能的身份是"后方法论学者"），但我确实对他们打破方法论重复之束缚的公开尝试予以重视。

的确，传统的方法形式产生了类似于"纯粹声音"的东西——

声响没有了使它成为可能的物质特性。声音只有在作为一种对象被界定、被认识、被"解放",成为某种真理或意义制造的证据时,才可以得到认可和重视——我们创造了一种在管理意义上可能的声音,使其成为我们分析的对象。声音由此被诠释机器所消费,这种机器通过标准化的提炼过程被激活。梅兹与杨布莱德-杰克逊(Mazzei and Youngblood-Jackson, 2009)写道:"声音'仍在那里',可供寻求、检索和解放。"(p. 2)提炼逻辑使其存在,提供了它的检索途径,并使一系列旨在解放的解释性分析的过程成为可能。然而,正如戴斯迦雷斯对经过了商品化的经验的审问那样,声音的传统形式掩盖了从无数物质缠绕的情境中移除出去的力量。在许多方面,这种物质意义上不受拘束的声音的生产与德勒兹(Deleuze, 1990)对感官产生的探究相一致,其中声响(sound)变得独立,"不再是附着在身体上的特质,噪音或哭声……开始指明特性、展示身体,以及表示主语和谓语"(p. 187)。正像我在其他地方提到的那样(Kuntz and Presnall, 2012),"这个主体的话语——它的声音——似乎是我们唯一能接触到的现实"(p. 5)。因此,为了制造新的现实可能性——新的存在、认知与探知的可能性——我们需要新的具有挑战性的方法论取径,它不依靠提炼逻辑来运作。我们需要将我们的批判焦点从战略转移到战术上。

为了实现这一转变,批判的方法论学者需要参与到一种被赛图(Certeau, 1984)称为理论质疑(theoretical questioning)的过程中,这是一种质疑过程,永远不会忽略在创造某些东西的过程中必然会排除其他关系性可能性的事实。赛图在个体科学(individual science)与理论质疑之间做出了区分,前者置身于有关实验的实践中,因而是一种将沉默引向语言的过程,在其先验领域内使事物言语化(p. 61)。个体科学及其随后的沉默实践是标准化方法的范畴(在这里回顾一下那些产生"声音"并为消费者解释声音的标准化研究实践，其同时又使得它所延伸的物质关系沉默无声)。相反，理论质疑总是把普通实践的"剩余部分"(那些不会发声的部分)留在记忆中，并拒绝在提炼逻辑下运作。理论质疑栖身于自下而上的知识——具有物质情境性与政治参与性——在这种情况下，其拒绝将声响与身体、声音与物质环境分离开来。

我应该在这里稍作停顿，强调人们已经对质性探究与科学的关系进行了大量讨论，特别是对寻求规范科学研究和必要实践的特定定义的政策文件的回应(例如，国家研究委员会发表报告之后，《质性探究》出了一期特刊：Cannella and Lincoln，2024；Lincoln and Cannella，2004)。这些回应形式多样，我不需要在这里将它们呈现出来。然而，我确实想承认赛图对个体科学的取代——一种只能自言自语的沉默实践——支持了理论质疑中固有的更偏唯物主义的实践。我还想指出，不再进行个体科学的探究是如何抵制了伊恩·斯托纳奇(Ian Stronach)所说的方法论工作中的"新实证主义反革命"(neo-positivist counter revolution)的。从这个意义上说，这与质性探究是否科学无关，更准确地说，探究的批判性实践需要公开抵制个体科学的诱惑，支持理论探究中固有的更具生产性和物质关系性的立场。

在某些方面，梅兹与杨布莱德-杰克逊(Mazzei and Youngblood-Jackson，2009)的文本可能被解读为：试图抵制传统的通过个体科学发声的方法，而倾向于理论质疑。他们的文本是考虑以声音进行更冒险的参与的邀请，在我看来，这些冒险的方法源于对方法论责任的重新考量。与梅兹与杨布莱德-杰克逊提出的理论质疑相一致,我们可能会努力在声音被轻易提炼之前去理解它。事实上,嵌入物质环境中的声音——而不是从物质环境中提炼和解释的声音——可能根本不是声音:新的可能性出现在这种逃离了主体、声音和经验的传统形式的路线上。如果我们从戴斯迦雷斯(Desjarlais,1997)那里了解到"有些人的生活方式有时与经验不一致"(p. 18),我们可能想要知道有些人有时是如何用不同于发声的方式来说话或表达的。这种参与到理论质疑中的批判性探究,也许始于对提炼的拒绝,也就是对我们方法论工作的唯物性的认知。

我们可以把方法论注意力转移至这一剩余部分——或曰理论质疑中固有的日常实践的剩余部分,日常的痕迹并没有立即被规范的提炼逻辑的陷阱所统治(或消费)。这项工作无疑是唯物主义的,用赛图(Certeau,1984)的话来说,它源于"连接行为和脚步,开放意义和方向",旨在使"可被占据的解放的空间"变得可见(p. 105)。当然,这不是一项容易的工作,尤其是因为它需要从规范的认识论和本体论假定中转移出来。为使解放的空间可见,我们需要以不同的方式去认知、探知与存在。此外,我们需要使能够抵制约束的新的关系性方法成为可能——不断超越自身的唯物主义方法论工作。本书的其余部分试图为这种批判性工作提供一个空间,推动和刺激批判性探究者在他们制订的研究实践、他们参与的委员会和他们教授的课程中认真对待理论质疑的工作。

提炼逻辑和社会正义工作

将方法论身份(作为技术官僚)和责任(与程序问题有关)与提

炼逻辑结合在一起，这就为变革和社会正义问题提供了选择的可能性。事实上，我想知道提炼逻辑中有什么变革的潜力？如果当代的逻辑结构优先考虑技术专业知识，将方法论者定位为数据的中层管理者，那么变革只可能发生在程序和输出层面。因此，在这种情况下，方法论学者只有在他/她的专业知识的层面上才有责任推动变革。这似乎非常局限。

考虑到本章所述的传统研究取向，以社会正义的名义进行的提炼主义式研究似乎会优先考虑那些将个体主体从情境束缚中"解放"出来的行为。这可能包括高度个人主义的新自由主义价值观，以及在情境性关系之外定义主体（因此，不受阻碍，或"自由"）。例如，这一点就体现在具有内在方法论价值的自由特权的（个体的、离散的、可分离的）声音和经验（被视为线性渐进的变化，是为连贯的和可定义的主体）上。在这种情况下，方法论学者不遗余力地孤立声音，并给出有关声音的离散的定义，以克服情境的不协调。

此外，人量工作为代表性不足的边缘化群体中的个体"发声"。再次，这并不是说孤立他人和/或为他人发声的尝试本质上是消极的；相反，这种行为是危险的，而且这种危险以特定的方式表现出来。"发声"就是把过程错误地当成商品——我给了你一些你以前没有的东西（或者说，如果没有我的方法干预，你就不会有这些东西了）。此外，这种主观的慈善行为重新确立了选定的权力等级制度，在这种等级制度中，我再现了我的权力地位（作为合法声音的标志）和另一方无能为力的地位（需要被方法论合法化才能拥有声音的人）。尽管危险，但这种方法论实践几乎没有风险。传统的朝向提炼声音的研究取向规定了一系列合法的编码策略，这些策略系统地将主体从关系性情境中分离出来(产生一个离散的主体,并在选定的研究项目中将该主体显示为可见/可知的),并对该主体的声音进行再次框定,使其在提炼的情境中具有意义。在这方面最明确的例子是三级编码策略,它是扎根理论的一部分,现在已经在质性探究中无处不在。在这里,主题编码在转录文本中被分离出来(开放编码),然后将这些编码放置在相互关系中去理解(主轴编码),随后选择最突出的编码,在研究论文的正文中进行进一步解释(选择编码)。重要的是,这个过程通常在某种程度上被呈现为自然的,因其蕴含着一些已知的真相,在这个过程中产生的主体声音被赋予了特权地位。这是以社会正义的名义进行的商品化和物化。然而,我们可能会在不同的方法论风险和责任中找到价值。

按照戴维斯(Davies,2010)提供的解释方向,对新自由主义等理性体系的批判"使人们看到个体被其时代的事件所困的形式,他们通常无法看清这些事件会将他们带向何方,或他们无法进行其他思考"(p. 56)。同样,我对新自由主义和全球化进行了批判,以展示这种治理体系如何使方法论学者"赶上他们所处时代的事件",无法以差异化(这里是指德勒兹所说的差异)的方式思考,只会去重复。为了有效地持续进行批判,我在下一章转向唯物主义框架,该框架可能会有效地干预提炼逻辑,为具有社会正义意义的方法论可能性腾出空间。

第3章 唯物主义与批判唯物主义

介绍

鉴于我在第2章中对提炼主义逻辑、全球化新自由主义和传统质性研究进行了概述,接下来我将在唯物主义框架内(重新)思考这些议题,该框架对以社会正义为名的质性探究具有良好的影响。首先,重要的是认识到新自由主义和全球化产生了极具物质性的影响——这些视角不仅仅存在于理论中,它们还影响着我们身处的物质情境。全球化新自由主义的情境影响着我们如何诠释、理解、参与和感受我们所生活的世界。提炼逻辑鼓励对这种情况进行特定的解读,他们否认了选定的一些不重要或不必要的探知方式。作为回应,对这些过程的物质影响的关注使得新的探究实践成为可能,而不受制于提炼逻辑的价值假定。依据提炼逻辑进行操作会带来关于方法论风险与责任的肤浅的伦理立场。从这种逻辑中转移出来使这些关键术语和实践的新出现的形式成为可能，它改变了我们作为批判性方法论学者的行事及其理由，并为尚未被认可的日常生活实践提供了新的可能性。其结果是，作为社会正义工作的探究成为可能。提炼主义逻辑强调对距离的责任，而关系性方法则在赋予其可见性或界定的情境之中提出了一种打断和干预的伦理。因此，唯物主义的探究方法、对情感的考量（一些人认为这是社会分析中的"情感转向"）以及关于方法论风险和责任的公开的伦理立场之间存在着重要的交叉。

　　鉴于我们当代对提炼逻辑的固化——如第2章所述——建立抵制这种约束性方法论境况的方法非常重要。也就是说，我想利用这一章来思考认知与探知的替代方式，假定这些可能性创造了另类的存在方式。正如本书开头部分所暗示的那样，我在沉浸于物质环境和情境中的认识论和本体论形式中找到了希望。简言之，我将提出唯物主义方法论，将其作为一种重新思考方法论责任和重新认识方法论风险意味着什么的方式。因此，我首先以辩证关系的角度思考唯物主义及其对探究的启示来组织本节的写作。从辩证关系中，我受到关系性思考的承诺的启发，这种承诺在顺序上更具对话性，并特别考虑了质性探究中的声音和沉默问题。接下来，我提出了批判唯物主义的概念，这与许多学者现在所说的社会科学和教育研究中的新唯物主义相一致。最后，我将探讨作为社会正义工作的探究与唯物主义的研究方法联系起来，指出了在第4章中阐述的直言的承诺。我希望，其结果是一种唯物式行动主义的意识，为探究工作赋予全新的目的。

方法论的疯狂填词游戏和理论工作

因为教育研究通常假定了提炼主义逻辑(因而表明其规范的地位),所以探究的方法是以有限的方式呈现的,皆始于情境差异的角度。这引向了佩姆(Peim,2009)对这个问题的定位:理论如何在当代的研究文本中被简单化地描绘:

> 教育研究手册通常会为即将成为研究者的人提供一份指导性的理论菜单。选择你的取向,产出你的设计,收集你的资料,确定你的阐释模式,产出研究发现,然后——展示和传播。研究选择往往以定义了方法论的二元对立的形式被呈现出来:量化的还是质性的,实证主义的还是建构主义的,启蒙主义的还是后现代主义的。(p. 236)

我想在佩姆对理论菜单的认识中加入线性假定,将其视为一本过于简单化的方法指南:通常有规定的步骤,假定在计划和完成研究的过程中从一个选择过渡到下一个选择。这种封闭的研究步骤似乎是令人熟悉的(也令人不安),类似于"选择你的冒险活动"的顺序,从理论到设计,到数据,到解释,到研究发现,再到传播。

当我还是小孩的时候,我常买"选择你的冒险活动"(choose your own adventure)丛书。由章节构成的故事要求读者选择角色并进入相应页面。在这种情况下,读者会感到一定程度的能动性,就好像他/她参与了故事的结局。作为一名青少年,我喜欢代表主角得出结论的紧张感觉,并被告知翻到第35页,去看看我的决定的后果。当然,我也作弊了——把手指放在要求我做出决定的页面上,以防我做出错误的决定,便于回去纠正我的错误选择。我不确定在探究的问题上,特别是在社会正义的问题上,是否能如此容易地做到这一点。因此,这里有一个有趣的问题:在什么时候我们可以回到探究过程中,重新制订方法论上的(探究的)决策?或者在探究过程中的什么时候,我们可能走得太远了,无法(重新)做出方法论意义上知情的/坚定的选择?或者,什么时候我们的选择会排除掉其他可能性?我认为,假定提炼主义逻辑将方法论学者置于一条陷入困境的道路上,走向还原论的、简单化的发现,那么这些发现对催生进步性的社会变革几乎没有希望。

考虑到毫无疑问地接受提炼主义逻辑所带来的简化性限制,选择你的冒险活动的隐喻虽然与我自己的少年时经历产生了共鸣,但可能不如方法论疯狂填字游戏(methodological Mad-Libs)那样恰当:在这里插入你的理论框架,在那里插入你的方法,在那里输入你的发现。提炼逻辑为这个游戏提供了结构——你只要填空就行了。不像传统的疯狂填字游戏(因其结果荒谬而被证明是幽默的),方法论疯狂填字游戏的目的是生产一个完全理性的结果,符合常识和规范理性的结果。也许理论或批判性干预的作用是让对方法论疯狂填字游戏的呈现再次变得可笑,展示出当代真相统治的矛盾的或其他限制性的逻辑结构。借用乔治·康圭汉姆(Canguilhem,1991)的话,在这个意义上,理论的目标不是解决问题,而是引发问题。

反对舒适

我们生活在流动的时代。我们从小就从多个方向、多个角度来制造意义，并受到这种意义制造过程的影响。这些都是参与世界的关系性方式。然而，出于某种原因，我们开始理解更正式（或学术）的方式，将意义视为必然阻止日常生活流动性的行为。在实证主义时期，研究致力于阻止意义的流动——去捕捉一种可以被可靠地（并重复地）显示为定格的静止状态。在实证主义时代，研究可能试图创造意义"快照"，认识到意义是被创造的，并通过其创造而流动。我想，这是为了澄清概念而调用静止状态。到目前为止，研究活动——以及那些激活这一活动的人——仍处于感兴趣的现象之外，使用设计和工具从远处捕捉意义。本章的重点在于唯物主义，无论是旧唯物主义还是新唯物主义，我们都通过笛卡尔切割这个术语对提炼式的意义制造进行了批判（参见 Barad，2007，2012）。从科学哲学中获取意义，笛卡尔切割从客体中建立了主体，从而实现了意义制造的特定实践——当然，还有特定的结果。通过将主体与客体分离——使它们具有外部相关性——意义通过分割与隔离而产生，将现象从它们的关系及随后的过程中脱离开来。从这个意义上说，我们现在有了一个逐步层次化的探究过程，一个由提炼逻辑形成的过程，并通过笛卡尔切割得到了体现。唯物主义的探究取径批判了这一历史规范的探究过程，或许为我们提供了一个新的方向，即认知、探知与存在，其根据关系性逻辑运作，将意义制造视作一个相互纠缠的、未完成的事件。

在唯物主义方法论中，我们认为探究在积极参与意义的持续生产过程——在感兴趣的现象中的一种相遇及一种生产性关系。更简单地说,唯物主义方法论始于这样一个假定,即从事探究的实践总是会影响我们感兴趣的现象——我们永远无法不去影响我们所研究的现象。因此,探究者和"数据"之间没有距离——意义是在内部产生的,而不是从外部被检验的。这始于这样一个假定,即一旦现象被捕捉到——使其定格,从而处于过程之外——它们就不再是以前的样子:在这种静止状态下,它们不再是具有生产性的关系;它们成了事物。① 然后,研究从关系中制造事物,提炼与意义隔绝的客体。②

在后/实证主义探求路径假定的知识停滞期内工作,使某种舒适成为可能。例如,有一个舒适的空间,如确定性的空间,在这个空间里,人们的认知水平是存在于——或超越——问题之外的。我们知道,是因为数据告诉了我们。我想,这也是因果关系的舒适区:这个被识别的原因引向了这种预期的结果。最后,根据提炼逻辑进行操作——就像后/实证研究方法一样——扩展了预先规定(prescription)的舒适性:有效的研究是有方向性的,指向在时间和空间上具有一致结果的行动和/或实践。这样一来,这样的研究就有了诱人的特征——考虑到当代的文化价值观,谁会不渴求确定

---

① 在《资本论》中,马克思(Marx,1977)在资本主义的背景下提出了这一运动的关系性要点。一旦资本停止流动,一旦它停止了它的关系性流动,它就不再是资本。对根据唯物主义框架理解的所有现象,我们可能会得出类似的结论——打破意义的关系流同时会导致现象不再作为现象存在。相反,它们变成了物(thing),只是被简单呈现出来的对象,并且经常被错误地认定为蕴含意义(外在于关系)。

② 马克思在这里也很有帮助,因为他提出了"物化(thingification)"(一些理论家称之为具体化[reification])的概念。通过"物化",分析的对象从社会历史背景中被切割出来,不知其来源。我和我的同事约翰·帕托维克(John Petrovic)一起思考了公民身份教育的后果(Kuntz and Petrovic,2014),即当公民身份成为一种物(thing)时会如何。

性、因果关系和预先规定的舒适性呢？更进一步说，考虑到相当碎片化的迷失感，也就是我们的后现代境况，谁会反对用有序的探究来缓解我们的社会焦虑呢？

唯物主义的探究方法避开了提炼逻辑的舒适性，以及从研究者在场的不可避免的痕迹中延伸出来的焦虑感，而倾向于更模糊的不确定性空间。生活在即刻的情境中，唯物主义的探究必然会放弃对确定性、因果关系推断和预先规定目标的主张；相反，扎根于物质的方法论停留在它们自己所属的一系列短暂的意义之中。这种认知的取径安坐于当下的事件中，不断成为其试图理解的现象，永不踏出它们努力生产的意义。因此，正如唯物主义方法论学者放弃了完整知识所具有的特权，他/她也释放了与影响力相关的焦虑——随着客观性和/或中立性不再是合理的目标，对数据或调查结果的担忧就会消失。方法论责任是从为距离赋予的认识论特权中重构出来的；相反，现象事件中的施为性对话关系（performative dialogic relation）使认知与存在的生产性关系成为可能。通过不同的认知过程，我们会变得不同。通过这种差异，我们获得了新的生产性知识。所有这些坍塌了的关系使那些以社会正义之名进行的另类探究成为可能。

为了提炼，我们必须认识到这种提炼可能扩展到外部环境。对于那些曾经主导传统质性研究的逻辑结构，这种提炼是通过遵循关于绝对时间和空间的笛卡尔假定而实现的——这两个实体都被认为是客观的和固定的。从这个意义上说，时间和空间是一个静态的实体，可以被用来衡量其他事物和关系。因此，笛卡尔切割通过在被测量物和测量工具、测量对象与测量主体之间保持简单的划分而存在。因此，意义是通过这种切割，即通过已知之物与认知者之间的分离而产生的。在实验室中,这只是意味着这项技术(如显微镜)必然与它所检测的元素(如水样)截然不同。意义是通过将水样(客体)与显微镜(测量或使客体可见的工具)主动分离而产生的。然而,当我11岁的孩子拿出他的显微镜时,他意识到显微镜的光——旨在照亮水样——会使载玻片变暖,进而以潜在的有趣方式激活样本。有些人可能认为这种基于光的激活是成问题的(我想,还有一些需要用更多或更好的技术来克服的问题),但我的孩子认为已经够"干净"了。作为一名未经训练的科学家,他还没有学会分割效应的科学要求——他将整个关系(水、光暖与载玻片等)视作持续发展的现象,科学的纯粹性(还)不是他的目标。当然,传统上,我们认为显微镜对元素的任何(可测量的)影响都是污染。我们希望控制任何一种污染,减轻污染,以寻求更明确的差异——因果关系、确定性和预先规定再次占据主导地位。

在社会科学中,类似的说法源于笛卡尔切割的断言。这源于一种信念,即在质性研究中,研究者"是创造意义的工具",暗示研究者——一种工具——必然与其所解释的现象保持分离,研究者控制着意义制造的"切口",使其具身化。研究者是主体;被研究者是客体。因此,就像在实验室里一样,大量的技术和研究实践都是从保持笛卡尔切割的愿望中延伸出来的,以使仪器和研究人员之间的划分成为可能,并保持这种划分(从而产生明显的"清晰"或未受污染的发现)。在我的课堂上,这经常体现在有关以下可能性的持续不断的问题中,即学生将自己对现实的理解强加于研究项目,从而在某种程度上对访谈产生偏差。这里的观念是,对偏见的认识将否定笛卡尔式的切割,排除掉将主体与情境分开、将知识与知者进行必要的隔离的企图——当然,这会导致关于不确定性的不适。就像我儿子的显微镜和显微镜的光污染一样，其中一个事物被用来控制甚至消除它对另一个事物的影响。分离的纯粹性是必须满足的。

但是污染到底有什么问题？为什么必须通过大量的技术和实践来如此严谨地处理它？在我们试图控制或以其他方式控制污染的过程中，可能会损失什么？

在清澈的液体中滴一点食用色素，整个实体将展现色素的效果：请注意，色素和透明溶液之间曾经很容易区分的差异在很短的时间内就会消失，随着二者的边界逐渐模糊，差异就失去了意义。色素会渐渐消散，同时从接触点褪去，并对其所影响的液体进行着色。如果纯粹性是我们的目标，或者是我们需要将一种液体与另一种液体分离并分别对其进行考察，那么随着时间的推移，随着两种液体继续接触，这将变得更加困难。一旦失去了可辨别的边界，陈述什么位于内部和什么位于外部的能力也就丧失了。人们再也无法轻易区分滴剂和溶液、原因和结果了。那么，在许多方面，这些动态特性提供了一个方法论上的难题：如何概念化地处理这种模糊性？然而，如果我们稍稍放缓脚步，不再寻找差异的明显边界，人们可能会以不同的方式理解意义——不再执着于差异的原则，我们可能会对这种接触并产生选择性"共鸣"的多种方式保持开放态度。

我之前写过关于批判性质性探究的潜力的一篇文章（Kuntz，2011b），谈到批判性质性探究可以被作为一种富有成效的刺激因素，激活通向可见性与变革的规范性过程。从刺激性和规范性功能在批判性接触中相互影响的方式出发，我注意到刺激性是如何使那些维持规范性构成和假定的系统性过程可见的，而这些系统性过程在其他方面却被忽略了。作为一种社会刺激,唯物主义探究使那些一直不被承认的事物(尽管并不具有多大影响力)变得可见。我想,我的呼吁是一种批判性干预,这源于一个更具生物学意义的隐喻,即一个有机体被刺激到公开的行动中。刺激性隐喻吸引了我,因为它有物质基础,因此强调了一种关系方式:生物体遇到刺激物并做出反应,产生明显的行动。在反应的那一刻,刺激物和生物体就不那么容易区分了——在反应的这一刻,两者结合在了一起。尽管我当时没有探索这种关系的内在活动①的可能性——尽管刺激性隐喻不可避免地会失败(就像所有隐喻一样)——但我希望在本章中进一步发展从隐喻延伸出来的物质关系,并着眼于为持续进行的社会变革制订批判性质性探究的可能性。为了做到这一点,我们必须从思考、认知和存在的关系性方式开始,这些方式打断了我们对提炼逻辑和传统方法的历史性坚持。

关系性思考、认知、存在

在与学生和同事的讨论中,我很沮丧地听到质性探究被批评为"仅仅是描述性的"。也就是说,人们一直认为,质性探究的目标是重新呈现特定情境,无论其定位是局地化还是全球化。这样的

①前缀"intra"的使用在这里是有意的,与通常说法中"inter"的传统用法有着区别。简单地说,"inter"的意思是介于两者之间,而"intra"是指在内部。从这个意义上说,停留在选定的现象之中就是拒绝思考所要求的分离性,建立"中间性"(between-ness)。在两者之间思考要求一个事物与另一个事物之间不存在关系——我不愿意认同这种分裂性的认知。相反,我更偏好对"其间的关系"(relations among)的理解——所有事物在关系层面都是已知的,从来不会独立存在。要更全面地考虑"intra"的前缀如何挑战传统的认知和意义制造方式,参见我在本章后面对卡伦·芭拉德的作品的思考。

总结必然依赖于一个先验假定,即研究可以位于外部,描述它显然不是其中一部分的事物。我对这样的果断主张的回应是,好的质性探究不仅仅停留在描述层面,它在多个物质层面上进行干预。这种干预通常是通过打断对现实的常识性解释及其影响下的日常实践来进行的。此外,这种干预从来都不是一次性的事件,而是在过程中发生的,并指向反对不公正现状的伦理立场。批判性质性研究者将他/她自己定位在日常探究行为可以带来变化的环境中。通过这种方式,批判性质性探究意味着特定的本体论、认识论和伦理规范,这些内容不能与提炼逻辑共存。

有关质性研究之有限的描述性特质的表述,我想,是从将事件或偶发事情作为产品的观念中延伸出来的,有明确的开始与结束的标记。按照这种思路,质性研究尽可能准确地描述了已经发生的一些被解释的现实——探究是回溯性的描述。"仅仅是描述性的"这句过时的短语中的"仅仅"源于更为量化的研究的并置特质,而这些量化研究并非停留在描述中,它们会进行预测。这种逻辑体系使我善意的同事友好地向我保证,他们鼓励学生从事质性研究,以便更好地"认识"一个事件,从而更好地为他们更为结构化的量化研究提供信息。正如一位同事向我提到的那样:"在进行检验之前,你必须知道——质性研究有助于认知。"

我想明确一点,我在这里质疑的不是使用或不使用量化方法;相反,它是一个理解社会现实和人类意义制造的逻辑系统,将其视作绝对静态,探究便是再现这种现状。批判性质性探究不仅仅是对静态背景的描述,它还会干预社会过程,目的是引发变革。作为一名批判性质性研究者,我将探究视为一种社会正义行为,作为一种激发社会制度和过程变革的手段,而不是为了适应这些制度而去改变个体。

为此,我在每学期的质性研究入门课程上都会以一张简单的PowerPoint幻灯片开始,上面写着:教育探究的目的是改善人类状况。因为我不太确定我是否相信这种改善可以通过简单的描述或通过建立在一系列提炼基础上的逻辑系统来实现,所以我转向了干预。

《牛津英语词典》将动词"干预"定义为"在某些行动、事物状态等过程中,作为外来事物介入"。我觉得有趣的是干预的外在性——它一开始就超出了一种行动或状态。因此,干预指向了一种开放性,一种行动和状态的延伸,否则这些行动和状态可能会以闭环的方式持续下去。通过这种方式,干预是具有生产性的——创造出之前并不存在的新的空间。

正如《牛津英语词典》继而提到的,干预存在于不确定的空间中,将自己置于其他事物之间:干预"位于"事件、时间或行动之间——作为不确定的过载,干预栖身于相互缠绕的情境间的空隙。而且,正如我早些时候指出的那样,这种干预措施需要具有过程性。因此,我脑海中浮现的不是干预的时刻或行为,而是干预的过程。干预可能发生在其他"完整"过程的间隙或断裂处。那么,从过程的角度进行思考为探究者提供了什么?过程如何能推断出一种与提炼主义逻辑截然相反的关系性视角?

首先,关系性思维假定了一种认知和探知的框架,这种框架不再符合从笛卡尔切割延伸出来的主客体原则。意义在关系中发展——在关系之外没有构成意义的机制。换言之,没有意义制造是"自成体系"的,脱离了关系或缺乏关系。相反,存在着一系列超定的(overdetermined)相互纠缠的关系,正是这种不确定的关系使那些处于物质情境但又不断移动的知识成为可能，这些知识的意义的概念显然不是固定的或静态的。或许这里有一个例子，它强调从唯物主义方法论延伸出来的认知的关系取向。

为了理解以关系为导向的唯物主义如何有效地影响批判性探究方法，人们首先必须以与前一章的批判逻辑不同的方式去思考。相反，唯物主义框架在有关认知和存在的关系性假定中运作，这些假定困扰着规范性范畴，如在内的/在外的和内部的/外部的范畴。通常，在那些强调具身化和具地化的探究项目中，我们可以找到走向唯物主义关系的富有成效的方法论例子。我之前注意到戴斯迦雷斯的《庇护忧郁》通过拒绝标准化的人本主义主体（humanist subject），打断了规范的方法论和理论过程。戴斯迦雷斯通过坚持对研究参与者的身体的唯物主义分析来使这种理论化产生作用，就文本中出现的一些关系来讲，这些身体与他们经常光顾的无家可归者收容所的轮廓、围绕理智和异常的社会政治政策，以及自我的西方化生产有关。重要的是，这些关系相互交织，永远无法完全区分，而且总是物质性的。因此，戴斯迦雷斯揭示了庇护所本身的历史生产（位于受后现代建筑影响的建筑中）、经济政策（导致建筑因预算削减而变得不完整）、无家可归的具身化意义（脱离时间节奏，融入不确定的空间），以及在探究中遇到的意义制造的压力（声称自己是一个连贯的我，使自己成为一个完整而独特的我）。一种持续的唯物主义关系性指导着戴斯迦雷斯的工作，要求他在自己思考的关系中去考虑自己的物质性责任。

按照类似的思路，洛伊克·瓦昆特（Wacquant, 2004）的《身体和灵魂》（Body & Soul）强调了具身化的过程，使我们与世界接触的关系性物质性成为可能。因此，瓦昆特努力寻求一种"源于身体的方法论取径,即将身体作为探究工具和知识载体"(p. viii)。通过将身体定位为一种走向认知的手段的决心,瓦昆特拒绝了将身体建立为一种需要分析的事物的方法论传统,这种传统是通过描述性的束缚来实现的。在这里,瓦昆特"在理论、方法和修辞层面上认真对待这样一个事实,即社会主体首先是一个有肉、有神经、有感觉的存在……他与构成他的宇宙息息相关,而他同样用自己的每一根心弦去构建这个宇宙。"(p. vii)这种取径强调了一种关系性物质性,这在提炼逻辑所假定的分离的情况下是不可能的。唯物主义方法需要用动态的关系方式来认知、探知和存在。

新唯物主义者扩展了在这些例子中描述的关系性认知,并得出了关于将认知转化为存在的重要结论(从认识论和本体论之间的简单区别到对世界的本体-认识论主张)。因此,新唯物主义者可能会通过重新组织这种物质关系在现象中的发生方式,而非生成不存在的数据的手段,来有效地扩展戴斯迦雷斯的具身化与具地化的崩塌,将自我或瓦昆特的身体概念视为一种关系性工具来制造意义。然而,值得注意的是,这种思维的转变并不是线性展开的某种历史传统的轨迹:我们在一百年前、五十年前和现在,在我们所有的当代意识中,都是这样思考的。历史不需要以这种限制性的线性方式被解读。事实上,正如我试图在本书各章节的交叉点上所展示的那样,马克思主义的唯物主义视角与当代的新唯物主义相重叠,而当代新唯物主义又与古希腊人倡导的真相讲述的假定相重叠,当然,20世纪80年代的福柯的后结构视角也重新对其进行了解读。关于存在和认知的假定远非有序和详细,它们在时间和空间中延伸与拓展范围,并为世界各地的许多实践和观点提供信息。因此,这本书与其说是为了掀开哲学假定的面纱,不如说是绘制特定哲学观点之间的相互映射，以分别考虑其对方法和探究的影响。也许我们解决这一问题的更有用的方法之一是思考不同的思维和存在方式能如何帮助理解——或以特定方式克服——贯穿于其倾向之中的不可避免的矛盾。

关系性思考和过程性分析

将世界理解为一个相互关联的整体，使得特定的分析方法成为可能。重要的是，唯物主义分析提出的问题必然先于被提炼逻辑和笛卡尔切割所控制的研究方法提出的问题——更为当代的唯物主义形式并不是从固定差异的假定开始的。唯物主义分析可能会从实用角度考察"切割"的历史实践如何制造意义，这些意义承担起了常识、意义制造假定模式的责任，而不是通过距离化实践来定位客体。这种模式被一系列正在进行的关系所纠缠，当这些关系连接在一起时，就会形成一组可见的物质过程，我们可能会认为这些过程理所当然是"真实"的。

遵循马克思的观点，即我们的社会世界是一系列动态的关系，瑞慈尼克和沃尔夫（Resnick and Wolff, 1987）断言，"过程"是唯物主义分析的基本单元。他们指出，在建立研究方法时，"社会中的每一种关系都是由一系列差异化的过程所构成的"。因此，批判性探究者可能会考察选定的关系在历史上作为一系列形成社会政治过程和物质过程的重复方式。重要的是，这些过程是超定的——它们由无穷无尽的联合关系组成：

> 每一个社会过程都是……由所有他者……的互动产生的

结果。因此,每一个被理解为超定的社会过程都被认为是矛盾的,它是来自所有其他社会过程的影响的场所,这些社会过程以各种方式对其进行推拉。它的超定构成了这一过程的存在及内在张力。这些又导致了它的运动、它的变化。(p. 24)

从它们的超定过程中切断关系就是阻止它们的运动,通过建立的固定性来参与意义制造。此外,试图通过假定的固定性进行分析,是为了加强对世界的本质主义呈现:通过对一系列不断变化的过程进行停滞的断言,人们可以假定关系的本质。然后从超定的情境中提炼(切割)本质,并将其优先于所有其他内容。

相反,我们可以从一个明显的、公开的切入点开始进行分析(Resnick and Wolff, 1987)。这是一种获得对选定过程的理解的途径,有意地去选择意义制造的关系,有助于批判性干预。请记住,超定的假定拒绝将任何一个切入点描述为比任何其他过程都具有更大的决定作用,其重要性在于使人们的切入点变得可见的能力和深入批判的拓展——而不仅仅是方法论预先规定的必然结果。此外,让人们的切入点清晰可见的行动会使探究者与探究过程有效地缠绕在一起——不再有与研究过程拉开距离的借口。

除了强调从瑞慈尼克和沃尔夫(Resnick and Wolff, 1987)的新马克思主义的唯物主义中延伸出来的超定与分析切入点之外,我对过程性分析的倡导还源于瑞纳多·罗萨尔多(Renato Rosaldo, 1993)的文化人类学对社会分析的审问。罗萨尔多的"社会分析的重塑"(这是他的书的副标题)为有效区分两种通过认知来探知和行动的方式铺平了道路：相对性和关系性本体-认识论。^①从持续的、与动态相关的过程角度思考问题，可以转移人们对相对主义的关注，而这种关注被过于简单地归结为后结构主义的知识形成方式。代替相对主义，罗萨尔多的过程方法指向一种关系性责任，这种责任可以对方法论工作产生有益的影响。

相对主义作为一种脱离现实、没有方向感的探究方法，使得人们无法理解系统、过程或实践之间的相互关系。这就是"我有我的文化/认知方式，你也有你的方式"。许多当代批评家利用对后现代社会思想的肤浅而简单的解读，将后现代主义与相对主义混为一谈。这些评论家可能会问，如果不存在独立的真相或位于外部的客体（正如后现代理论家可能声称的那样）——如果所有的事情都是超定的——那么人们如何对世界做出任何有价值的主张？如何超越"这都是相对的——我有什么资格说别人应该做什么或不应该做什么"这种固定不变的默认立场？当然，这是错误地将关系性思维与一种在社会文化世界中没有行动基础的道德相对主义混为一谈。

从认识论的角度来看，相对主义强化了走向认知的特殊道路——就好像没有任何知识可以扩展到其显现的直接环境之外。这反过来又导致了一定程度的本体论脱离及漠不关心。简言之，如果我认为我的经历无法超出我的直接所在地，我就没有什么道德或伦理理由来评论或干预超出当地环境的事件或做法。这可能

---

①本体-认识论的视角否定了人们通常在认识论（探知）和本体论（不断趋向存在的过程）的假定之间建立的区别。正如芭拉德的示例那样，这种观点对我自己关于真相探究、方法论责任和社会正义探究的思考仍然很重要。的确，有效改变我们进行批判性探究的方式的第一步可能是打破认知与存在/行动之间的人为分离。我将在后文对此进行详细介绍。

会导致持续性的目光短浅(诚然,这是一个学术问题),因为我只能正确地审视或批评自己的经历。我注意到这是对后现代思想的简单解读,因为它将零碎误认为是孤立,并将部分化的知识结构与在任何政治路径上的无能为力相混淆。关于世界的关系性假定的意义并不是说所有的事情都是相对的,因此我无权干预其他关系。事实上,恰恰相反:因为我是永远处在关系中,我有责任参与;我从不会自由地假装自己的立场与外界无关。如前所述,我也有责任让人们看到我的参与切入点——我选择以这些方式参与这些过程,因为我重视这些元素。这是唯物主义的工作,总是要回到确定的物质性关系和情境中(并在其中运作)。为了让人们看到我的切入点,我还有一项额外的责任,那就是质问我自己所提出的主张的正当性——我不能满足于某种固定的探知程序。

通过这种唯物主义的探究方法,我坚持区分特定(particular)与局部(partial)知识。根据《牛津英语词典》的基调,特定强调一个差异化的、单一的、独立的元素是"与其他元素分开的"(特殊的)。相比之下,局部隐含着不完整性,即"局部与更大整体的关系"(局部的)。这些定义指出了相对主义对特定知识构成的过度强调(我的经验是差异化的、脱离现实的、与其他人分离的)与局部性知识构成的更后现代的关系性概念之间的重要区别(这种不完整的理解永远与更宏大的社会历史情境有关,不能完全忽视它)。同样重要的是,象征着相对论思维的非参与性的分离性通常被转译为"我做我的,你做你的"的道德独立主张。

相反,我发现最有见地的当代理论拒绝以相对论的方式来进行认知和探知,而倾向于更具关系性的认识论立场和伦理要求。区分在这里仍然很重要:相对主义导致分离和割裂,而关系性则使所有知、行与生成过程之间的动态联系成为必要。因此，我们对如何知道以及我们可以用这些知识做什么的假定从未脱离更大、更宏观的问题，而这些问题通常被认为超出了我们的能力范围。重要的是，沿着关系线进行思考使我们能够将地方层面的实践和分析与更多的全球辩论联系起来，这些全球辩论从未完全脱离我们的日常实践。关系性思维使行动主义立场成为可能，这对涉及多种不同情境的道德参与提出了要求——我们永远不存在于与任何事情或任何他者的关系之外。正如苯妮特（Bennett，2010）在对事物-理论（thing-theory）的阐释中所说的那样，她非常强调关系性物质性，我也因而对"因和果的融合感"感兴趣，其中因果关系和能动性的概念是不断浮现的（而非固定的），是更偏流动性的（而非稳定的）。

这里的一个有用的例子源自上一章所讨论的全球化的危险性质。与此相关的是，我无法将落后于更宏大的世界秩序或亚拉巴马州伯明翰市（我写这篇文章时住在那里）保持经济生产力和竞争力的劳动力的持续焦虑与那些影响中国工厂工人或委内瑞拉社会主义活动家的更大问题和辩论全然分开。我也不能将我的日常实践全然脱离于过度个人主义、监视性和经济决定论的原则，这些原则很容易从新自由主义的感性中延伸出来，并推动全球化进程。这样做是为了将我自己从那些鼓励对我的行动与主体性进行特定解读的话语中提炼出来（例如，"好公民"是那些能够为国际经济做出贡献的人，或者"我是谁"是由我的职业决定的；在后一个问题中，思考一下我们通过提问"他们是做什么的"来了解人们的轻易性——意思是，他们的职业是什么？在这里，职业代表身份，即一个人是谁）。

这种朝向关系性的转变对探究而言有着重要的意义。拒绝对相对主义进行简单化的解释意味着我无法将探知的方法论手段与关于什么是已知的以及我们可以用这些知识做什么的假定区分开。因此,如果我只参与并复制传统的方法论手段(如传统访谈或客观观察),与此同时,我就重新唤起了从一开始便使这种方法论可用的假定。此外,如果我认为自己是一个通过探究来推动进步性变革的人(就我而言,确实如此),那么我必须认识到,我的探究实践在许多方面是如何从我试图对抗的更大的新自由主义和全球化话语中获得意义的。从这个意义上说,关系性思维为方法论策略开放了可能性,这些策略将更为宏观的话语模式(如全球化的新自由主义)与更为微观和局地化的实践联系起来。因此,我的研究必须对全球化新自由主义的价值观以多种方式为我的日常实践赋予意义(使其在我们的当今时代为世人所见并具有意义)予以关注,即使我的更为局地化的活动重新定义了在新自由主义秩序中被创造出的价值观(或者可能在其中被假定)。因此,我也许有责任去定位这种关联,并对其提出问题。我们的实践和治理理性从来都不是全然分离的,它们在多重情境下永远(重新)建构着彼此。

重要的是,关系性思维带来了相对主义所不具有的伦理和道德义务。一旦我们意识到我们与多重话语的联系,也可以说,我们同时就对这些话语问题的解决负有责任。超越了一种打断式的伦理(这种伦理可能试图阻碍认知和导向认知的规范性流动),我们现在有了一种新的责任来建构方法论,这种方法论关注到认知和存在的关系性构成——这是一种解决认识论和本体论问题的责任。因此,关系性思维可能激活和推动社会正义工作,要求我们为社会变革而努力,即使我们自己也可能被这种工作所改变。再次回到目前对探究的强调，关系性思维使我们能够认识到，我们如何探究是很重要的，即我们获得知识的方式，对我们如何利用这些知识产生了影响，从而使探究社会正义的愿景成为可能（或不可能）。这是因为我们的探究方法本身就是我们试图分析的超定过程的一部分。我希望关系性思维能够使一种行动主义立场成为可能，这种立场需要多种不同情境中的道德参与。

对过程的持续参与带来了流动性（而非固定性）、运动（而非停滞），以及关系性变化的必然性。根据定义，过程意味着变化的发生，过程永远不可能是静态的。过程可以一次又一次地重复相同的事情，但即使是在这种复制中，它们也会变化，尽管从遥远的角度来看，它们可能看起来是固定的。

举个例子，当我驾车在州际公路上行驶时，我经常遇到一个奇怪的现象——看到旁边的汽车，它的轮毂盖似乎没有移动。尽管我知道我（大概还有旁边的车）正在以每小时近70英里的速度行驶，但轮毂盖似乎完全静止不动（顺带一提，这也是老式荧光灯和电视屏幕的工作原理——闪烁的速度如此之快，以至于人眼误认为它们总是亮着的）。将这种相当平凡的体验转移到社会情境中，可能有助于解释为什么社会过程看起来是静态的或固定的，以及像权力这样流动的东西是如何存在于个体或局地之中的。通过密集的循环，原本被认为流动的东西看起来是变成了恒定的或静止的。过程分析承认了这一现象，即使它们始于过程催生变化的假定。为了接近这些过程，或者有效地干预这些过程，我们可以从对日常物质性实践的批判性审问开始。

物质性实践

有时,从对固定性的依赖(以及知识形成的笛卡尔切割)到更具关系性的认知和探知的理论转变可能会(有益地)使传统的方法论方法复杂化或受到挑战。有了这样的理论断言,我们从哪里开启探究的过程?也就是说,我们如何探究那些永远在移动、永远不完整的关系性认知过程呢?借用我之前的例子,当涉及传统的探究方法时,大量的方法论精力已被投入到:将轮毂盖理解为固定的,由此是完全可知/可测量的,而缺乏关键的认识,即这些轮子在高速公路上以每小时70英里的速度行驶。

作为回应,我借鉴了福柯的观点,他坚持将实践研究作为分析的切入点。正如福柯(Foucault,1991)所说,他的:

> 分析目标不是"制度""理论"或"意识形态",而是实践——目的是抓住那些能够在特定时刻将制度、理论或意识形态变得可接受的条件……具有一定的规律性、逻辑性、策略性、自证性和"理性"……实践在这里被理解为所说的和所做的,强加的规则和给出的理由,计划中的和被视为理所当然的相遇与相互联系。(p.75)

从这个意义上说,日常实践揭示了使其成为可能的更宏大的社会过程与理性。实践之所以"有意义",是因为它们与规范逻辑结构理所当然地保持一致或从其中延伸出来。通过诉诸常识,这种实践往往是不可见的,它们没有被注意到是因为它们没有受到质疑——它们扩展了使其成为可能的规范。因此,唯物主义探究的作用是打破这种规范过程——使熟悉的变成陌生的。

正如更当代的理论学者(赛图、德勒兹、福柯等)所指出的那样,一旦实践脱离了它们的物质情境,它们就只是作为表征而存在,在它们以特定的方式对事物进行排序时,就封闭了改变的可能性。这使得学者们正确地认识到研究中的"表征危机"(crisis of representation)。重要的是,这场研究危机是双重的。首先,对某些现实的表征总是不足的——它们永远无法完全定义或以其他方式解释它们试图表征的现实(它们总是作为现实的表征而存在,而不是现实本身)。这是一场描述性失败的危机,在许多研究文本中都被讨论过。其次,表征危机源于探究无法对事情,除了其创造的表征,采取行动(或在其内部采取行动)。这是一场参与危机,在文献中很少得到承认。事实上,正是这第二个失败——我们只能知性地遇见并改变我们创造的事物(表征)——引发了对我们研究工作的物质性影响的不可回避的提问,以及对社会正义探究的可行性的担忧。安坐于表征主义的情境化探究限制了以社会变革之名进行探究的目标和影响力。因此,拒绝表征主义陷阱,支持事物和实践之间的综合、动态的内部关系,提出了一个特定的行动主义导向的问题:我们如何影响事物,以为新的实践创造可能性?

因此,这也许是唯物主义探究使其试图分析的东西不完全可见的第一步(福柯[Foucault,1998]称之为"问题化"的过程)。这种外围的可见性(总是超越了我们的视野)使得批判的替代方案——认知和存在的方式——成为可能,这种替代方案在其他情况下是无法被意识到的。这就是作为一种生产力的探究——超越了它本身以及最初赋予它理论牵引力的理性。① 拒绝本体论和认识论的简单分歧意味着新的认知方式同时被新的存在方式所满足——新的实践成为可能，从非传统逻辑形式的过载中延伸出来。因此，正是实践带来了使其成为可能的逻辑。重要的是，实践是情境性的和全然物质性的——没有物质外的实践。因此，对社会实践的仔细审视提出了唯物主义的原则——更具体地说，是从基于过程的思维拓展出来的新唯物主义原则。

作为关于问题化的一个充分的例子，思考戴维斯（Davies，2010）对新自由主义主体的探讨，以激发其他可能性以及新探究实践。与传统意义上的固定主体并列，它不可避免地受到新的自由主义理论的限制（圣皮埃尔称之为人本主义主体），戴维斯要求质性研究者"以不同的方式[思考]主体"，试图将"主体"定位为"一个社会历史实体"——"既是一种想法，也是我们努力达成的成就"（p. 55）。通过将新自由主义主体定位为一个我们努力获得的概念（当然，它永远无法完全获得），戴维斯要求批判性探究者考虑"主体是（以及应该是）什么……以及产生了什么影响"（p. 55）的可能性条件。沿着这些思路，戴维斯继而提出了三个关键问题，所有这些问题都致力于质疑新自由主义主体，从而为存在的另类表征（替代的本体论可能性）腾出了空间：

---

① 顺带一提，这种超越自身的愿望也许就是理论家和哲学家如此（令人赞叹地？令人沮丧地？）精确地选择词语的原因——一个人如何以不受语言逻辑阻碍的方式表达思想和见解？也就是说，一个人如何在传统语言结构的限制之外行事，并使用某种语言，而这种语言正是其试图批判的理性的产物？因此，与其认为福柯或德勒兹等理论家晦涩难懂，我们不妨更善意地认为他们的作品拒绝了规范明确性的简单诱惑，我也经常向那些抱怨大陆哲学家的作品段落复杂的学生与同事们这样解释。我和我的同事约翰·帕托维克（（John Petrovic, 2011）在社会理论和教育哲学的背景下批评了这种"说白话"的愿望。

　　一种或另一种主体属性是如何成为可能的? 一组可能性
是如何被规范化的,以至于主体无法想象自己的其他情况?
最重要的是,人类主体如何超越当前的行动和反应?(p. 55)

　　从这个意义上说,戴维斯的问题指向了另一种存在的生产性
可能性,其能动性不是被作为一种商品化的产品(一个人拥有或希
望购买的产品),而是被作为"可能性的条件"(p. 55)——主体尚未
在其中形成的未来的模糊性。这是一个主体,而不是一个充分的
表征,位于已知事物和可能存在的假定的外围。

　　重要的是,这种从对已成之事的考虑到未来可能性的转变,改
变了我们对伦理、风险和责任的思考。传统的新自由主义主体提
出了一种成就伦理(你实现了新自由主义个体性和经济生产性公
民的理想了吗?),而更加后结构主义的伦理强调物质内在性,通过
存在的关系形式将所有的生活形式联系起来(我们的实践以什么
方式来抵制封闭,开放未被定义的新的可能性?)。这必然是一种
必然的边缘性伦理参与的立场。

　　显然,这种转变影响了我们对方法论实践的伦理取径的思考。
新自由主义理性伦理强调生产封闭主体的重要性,这些主体具有
统一的声音,区别于其产生的情境,并且可以被识别。相反,更偏
后结构主义的方法论路径会寻找关系中内在的模糊性——个体模
糊进入其存在的物质条件的空间和空隙。正如戴维斯(Davies,
2010)所指出的那样,在这里,能动性"与开放新的存在方式联系在
一起"(p. 56)。

　　正如戴维斯所示,新自由主义不仅仅是对抽象原则和实践的

理论化表述。作为一种不断涌现的政治理性,新自由主义在物质层面上维护自己,产生情感反应与状态,进而融入了当代主体性。正如科尔(Cole,2011)所定义的那样,在人们开始接纳、转化和重新表达一系列被制造出的价值观和信念时,新自由主义价值观"活"了,"与人群同在"(p. 9)。因此,科尔继续强调从方法论角度绘制社会地图的重要性,用以展示"社会在后现代资本主义加速影响下的变化方式"。对于科尔来说,这种绘制在很大程度上是一种唯物主义的努力。

作为从事唯物主义方法论工作的一种手段,科尔(Cole,2011)提倡一种"情感研究策略","将所有数据作为一种生成过程的形式"(p. 12)。在这种情况下,方法论并不是要单纯地解开一些纠缠不清的意义束缚——从其他过度重叠的数据形式中寻求清晰性——而是要寻求关于存在的情感组合,保持存在的矛盾和模糊联系,而不对其意义进行规范化。也就是说,唯物主义方法论学者放弃了来自规范性数据分析的表面上的清晰性(Pasque et al.,2012)——这是一种建立在提炼逻辑和表征性假定基础上的实践——而倾向于一种保持开放的分析形式,使用新的意义和存在方式,而非声称自己是僵化的、封闭的"意义制造者"。

还可以考虑万达·皮洛(Pillow,2003)的女性主义谱系学中有用的方法论取径,其采用的手段,将探究的视野从参与其研究的怀孕女孩"转移"到"塑造和定义青少年怀孕的话语,而又不丢失女孩生活经历的情境"(p. 148)。通过这种方式,皮洛拒绝了对女孩及其虚构/孤立的身份(孕妇、青少年、怀孕的青少年)的方法论固化,而支持使这种身份和结构成为可能的话语。皮洛使用了一种谱系分析,该分析对基于假定理性的真理主张持怀疑态度,她"对将主体理解为单一、易于识别的线性主体表示异议"(p. 150)。皮洛的研究是理性逻辑及规范性主体形式可以被必然地去中心化并被拒绝的一个例子,其遵循了福柯式的唯物主义方法。因此,被建构的主体不是这些探究的焦点,焦点是主体的建构过程——这些主体得以产生和被理解、被解释的手段。通过这种方法,对主体的固化变得"不合理"——让走向合理的过程受到质疑,即预制意义及制造意义变得不再容易,常识因此失效。尤其是通过挑战启蒙运动的基本价值观——理性是自然的,科学是中立的,两者都推动我们逐步走向一些可能的真理——围绕青少年怀孕的话语就被有效地审问,需进行重新思考。因此,皮洛的项目仍然更具流动性——拒绝孤立的身份和提炼式的认知方式,她允许方法论取径、生活实践和不确定的解释相互渗透,因而主张"身体和理论的干预性过载(interruptive excessiveness)"(p. 148)所固有的有价值的可能性。由于过载,"身体和理论"不能被遏制,也不能被充分表征。这种对表征必会失败的过载情况的认识,让人想起了戴斯迦雷斯(Desjarlais)和瓦昆特(Wacquant)早期调查工作中的目标和探究实践:它们仍然通过唯物主义的探究取向联系在一起,这种探究取向拒绝了对现状的提炼逻辑。像其他唯物主义学者一样,皮洛的探究取径允许对常识进行批判——历史上产生的认知和探知的模式,暴露了"规范的力量"(p. 149)。

重要的是,科尔、戴维斯和皮洛等学者的批判性研究生产的其他可能性仍然根植于物质情境。也就是说,强调关于变化的本体-认识论愿景同时预示着所有的变化都是物质性变化——不存在脱离了物质情境的"纯粹话语"感。这是我在本书中提出的唯物主义的基础。在考虑方法论责任、伦理、工作和实践等问题时,我最感兴趣的是这些术语之间的物质联系。我仍然对将物质与话语区分开来的理论取向不感兴趣。因此,我的兴趣点在于我所说的唯物主义方法论,这类探究取向认识到了物质性对探知和不断趋向存在的过程的有效影响——一种有关本体–认识论的物质性。例如,福柯对从规训社会到监管社会的转变的分析可能被解读为对这一主体的去中心化,它具有社会正义的蕴意,并强调唯物主义研究方法的社会含义。福柯认识到微观和宏观实践的交叉点,这在权力技术和杀戮权利中显而易见。他写道:"当我说'杀人'时,我显然不仅仅是指简单的谋杀,还指向各种形式的间接谋杀:将某人暴露在死亡面前,增加某些人的死亡风险,或者,简单地说,政治死亡、驱逐、拒绝等。"(p. 256)语言来源于物质体验,具有物质效果。就主体性而言,将某些身份置于其他身份之上的话语结构也封闭了特定的身体,体现了生存权和死亡权。

然而,重要的是要重新认识到,这种唯物主义的生产性的关系特质取向并不是全新的(在当代意义上),它有着不可忽视的历史根源。正如帕帕多帕拉斯(Papadopoulos, 2010)所指出的那样,马克思早期的唯物主义作品和当代的新唯物主义学术作品之间存在着重要的联系——两者都强调"物质是一种重要的力量"(p. 66)。帕帕多帕拉斯在解读马克思时,认为唯物主义必然意味着一个"行动维度",在这个维度中,多种唯物主义形式(无机物质、日常社会生活、生物物质)相互勾结,形成"影响物质变化的集体能力"(p. 66)。从这个意义上讲,物质性不能与(社会、政治、日常)实践分开,这两者在概念化过程中无法相互独立。因此,帕帕多帕拉斯断言:"失去了行动主义的唯物主义不是变革性的,事实上,这是不可能的。"(p. 67)通过这种方式,马克思让我们看到了一种行动主义式的唯物主义，一种拒绝将物质性与社会实践和物质变革的可能性分开的唯物主义。我承认，唯物主义的探究取径必然会维持这种"行动维度"，因此，我们必须改变考虑和处理责任与风险问题的方式，将其作为方法论实践的要素。

到目前为止，我强调了一种唯物主义的认知和存在取向，这种取向是关系性的，导向了一种探究的过程形式（始于问题化的概念），新唯物主义改变了这种关系的取向：除实体之间的关系性概念外，实体内部也存在着关系。因此，新的唯物主义视角摒弃了原子式思维——存在着相互独立的孤立元素——而倾向于将意义制造作为一个一致性的事件。这种新唯物主义视角导致将探究作为干预的承诺，以及建立一种伦理性取向的挑战，这种取向致力于社会正义的研究实践。

关于批判（新）唯物主义

在下面对新唯物主义的概述中，我的目的不是提供一个复杂（相当多样化）的理论框架的全面阐述，也并不是试图捕捉或以其他方式呈现一个新唯物主义范式的整体。事实上，努力去辨别新唯物主义方法中的所有动态差异类似于试图解释马克思主义的所有元素、方法、传统和实践——这种尝试不可避免地会失败（当然，与提出概念之类的超定唯物主义取向在理论上并不一致）。然而，对于我们如何生活、认知和探知，应该有一些总体假定，将分别位于马克思主义和新唯物主义框架下的方法结合在一起（以真正的唯物主义形式去理解，这种范式边界从来都不是固定的，也从来没有得到充分发展）。

相反,我想指出的是,最近一些圈子对新唯物主义的拥护如何提供了不可忽视的方法论可能性。因此,接下来要考虑的是,一种新的唯物主义探究取向如何为意义制造提供可能性,而这种可能性在以往是被忽视了的。此外,有助于界定新唯物主义的总体假定与作为下一章讨论基础的真相讲述的直言取径一致,还激发了这种方法。简言之,新唯物主义提供了生产性的本体论、认识论和伦理假定,为物质导向的直言取径提供了微妙之意。我的观点是,新唯物主义所主张的世界观使得对直言的整合成为可能,而福柯或许认为不可能。正如福柯(Foucault, 2001)所指出的那样,直言不能存在于被笛卡尔的二元性所统治的世界中;相反,我们需要对世界进行不同的唯物主义认识论假定。也许新唯物主义为我们提供了一个接近这种差异的有效入口,从而为直言腾出了空间,使其与我们的当代情境更加相关(也具有必要性)。

尽管像所有的思想流派一样,新唯物主义者肯定包含了各种各样的观点和方法;他们之间最相似的一点是,他们认定语言或文本对存在的描述达不到他们的解释目标。更直接地说,传统的探究方法从未充分考虑意义和物质的动态关系,也就是说,物质本身如何在意义制造中发挥能动作用。根据新唯物主义思想,物质是活跃的、流动的和具有生产性的。因此,那些将意义制造固化为一种全人类的努力的探究实践,错过了物质本身影响世界的多种方式。因此,传统的探究实践可能过于以人类学为中心,进一步造成了人类与非人类、社会与物质、文化与自然之间不必要的分离。

首先,我们需要强调新唯物主义或批判唯物主义如何理解物质的概念。与后/实证主义的物质概念——其依赖对心灵和物质的简单分离——相反,当代取径强调物质的不确定性、生产性和弹性

（Colle and Frost, 2010）。物质远非一个被定义的"事物"，它保持着未成形的、持续变化的状态。从这个意义上说，转向物质（使物质成为关键，就像芭拉德［Barad, 2003］所说的那样）是一种开放的姿态，物质性因而成为可能性。如库尔与弗罗斯特（Coole and Frost, 2010）所写到的那样："物质性永远不只是物质：它是过载、力量、活力、理性或差异，使物质变得活跃，具有自我创造性、生产性，不可预测。"(p. 9) 正如作者继续指出的那样，新唯物主义者也有这样的断言，即"物成其所是"（matter becomes），而不是"物是其所是"（matter is）(p. 10)。成为物的过程与前面描述的从未完成的关系性物质性相一致。

这种对物质所固有的生产性的可能性的重新思考对我们这些认真对待探究的人有着重要的意义。批判性地理学的基本原则认识到，物质世界是意义制造过程中的积极参与者——物质情境不能再被解读为简单地"包含"意义，也不能充当意义发挥作用的空洞背景。此外，批判地理学者坚持认为，物质世界是历史性的，充满了许多社会政治意义和价值观，这些意义和价值观随着时间与视角的变化而变化。因此，物质世界永远不会封闭或固定。它保持着对新的情境和意义的开放态度，即使它在这些情境和意义的生产中发挥着推动作用。一种新的或批判性的唯物主义视角将批判地理学的视角往前推进了一步，它断言，与批判地理学之前的主张相比，"正在形成的物"显然更为活跃，并且具有不可预知的生产性。物质总是过载的，总是变得比已知的——或可能已知的——更多。这种对物质过载的认识与本章前面对干预的表述非常一致。因此，物质，在其开放的过载之中，可能成为对规范现状的重要干预的例证。这是对传统绑定的意义制造模式的打断性干预。

　　举个局限性方式的例子,传统方法论对物质予以草率的关注,将其作为情境的某种一般形式。在这种场景下,情境可能会提供以某种特定方式呈现意义的理由。情境提供了意义的封闭性,是一种为阐释的特殊性进行辩护的路径。因此,物由此被定位为情境形成的物质背景。从这个意义上讲,例证可能包括市中心学校的物理"背景",甚至包括参与者的人口学信息。传统的方法论方法可能会将这些内容理解为研究的地点(市内)或参与者群体(在特定的发展背景下,具有性别、种族,甚至年龄特征的人)。这里的背景是一个描述性的背景,同时捆绑住研究——使之成为一个封闭的背景。

　　然而,新唯物主义视角将物质放置在更具能动性的位置上,反对封闭,并朝向一种既是本体论又是认识论的一种生成过程的可能性。从这个意义上讲,物质情境并不是简单地提供特定主张的微妙之意,而是保持着无休止的生成性,总是超出"情境"所创造的网络。正如库尔与弗罗斯特(Colle and Frost,2010)所写的那样,一种新的唯物主义观点坚持"将物质化作为一个具有开放性、偶然性、不确定性和复杂性的持续过程,社会行动者和理论家都无可救药地沉浸其中"(p. 28)。从这个意义上说,新唯物主义者将物视作一种生产力,我们最好在社会变革项目中认识并关注这种生产力。拓展前文提到的例子,一所"市内"或"都市"学校现在指向了超出其假定范畴的含义。实际上物质性的学校本身,使特定的学生实践成为可能,同时又束缚着其他实践。要想不成为一名表现不良的学生,也许必须跨过学校的物质门槛,穿过建筑景观,体现好学生的角色。在这里,城市地理与社会历史的认同过程相交,呼唤着永远不会被他们完全捕获的与认知与存在相伴的实践。在那一刻,地理景观成为学校教育事件的一部分——这是一个从未被完全预测过的事件,有可能发生变化。这是对当下的参与,而不是对过去的方法论捕捉。

新唯物主义原则提供了一种关于认识/存在的关系性视角,因此,其以社会正义之名对探究进行了不同的概念化。在这种情况下,人们努力遵循相互纠缠的线索,这是构成意义系列的多重关系。这涉及本体-认识论模型和存在的充分关系性交叉的扁平化。这种工作往往需要质疑贯穿这些关系的矛盾,以及掩盖这些矛盾的日常实践。德勒兹与迦塔利(Deleuze and Guattari,1972)认为这是精神分裂症分析。例如,一种新的唯物主义方法可能会详细描述声音的事件,即声音来源的多个交叉平面,而不是试图解放声音(上一章探讨的提炼式方法论的例子)。在这里,声音不是一种东西,也不是一种通过学术市场流通的商品,而是通过一系列无休止的作为情境的过程和相应的实践来成为可能的。因此,声音仍然是全然物质性的,声音与我们这个时代的社会政治话语相交(声音不再是完全隐喻性的,它通过呼吸与声音的生理内在作用而结束)。这里的关键可能是要认识到所说出的(以前的声音)不仅仅是重复的话——而是差异。

在德勒兹看来,差异不是消极的,而是具有生产性的:差异就是思考。因此,我们的目标是对声音进行解域(deterriorialize),带着对以不同的方式生成的期望,使声音缺少意义。人们可以通过探究使声音成为可能的内部活动属性来做到这一点。这个问题涉及的范围从"声音在哪里,如何才能恢复?"(一个通过位置解放的问题)到"声音如何运作? 通过声音的产生,哪些内部行动成为可能?"这里的声音可能被展现为分散性的,无疑是一种物质性的存在/生成过程的既定关系。从这个意义上说,声音的主题性表征(声音的一致性)让位于芭拉德(Barad,2007)所说的模式化差异的衍射性阅读(diffractive reading)。因此,声音在其相互纠缠的意义中被知晓。唯物主义方法论学者可能会寻求将声音参与作为一个涌现的过程,"在这个过程中,持久的结构和组合或多或少会沉积和凝结,有时是它们内部惰性的结果,但也是其中所蕴含的强大利益的体现"(Coole and Frost,2010,p. 29)——声音被作为一种独特的物质和政治探究手段,以规范的方式有效地打破声音的社会政治沉淀。

例如,皮尔斯和麦克劳尔(Pearce and Maclure,2009)的方法论工作强调,拒绝让现在的、被定位了的和被识别了的位置来控制其探究项目。相反,作者们会问:"缺席和差异,而非存在与共识,如何被解决、穿越和展开?"(p. 250) 在许多方面,对"缺席和差异"的关注以有力的方式分散了对固定存在的传统意义上的忠诚,这类似于我早些时候要求在我们的探究项目中考虑外围因素(Kuntz and Presnall,2012)。然而,仍然重要的是要认识到,它们是一种面向未知的方法论取向,与将差异视为偏差的传统观念截然不同。此外,对"缺失和差异,而非存在和共识"的探索提供了一种不同类型的展开方式,对方法论学界如何介入声音概念有着特殊的启示。

在这种情况下,思考一下沉默的作用。沉默往往被认为是意义的缺失,是意义制造的一个缺口。例如,当我与刚接触访谈或焦点小组的学生一起工作时,我经常问他们,为什么我们要如此迅速地填补互动中的沉默时刻——就好像沉默指向了一些错误,例如,一个糟糕的访谈问题、一个误解,或某种类型的不适。在这种情况下,沉默代表了缺失(有时沉默甚至被理解为声音的反义词——一个人"沉默"了，声音就被排除在可能性之外）。同样，在整个教育领域，沉默往往被解释为缺乏认知。思考一下在 K-16 教室里，快速反应很容易被误认为是智力/知识的象征。传统上，每当一个问题被抛出时，学生们会竞相回答。对知识的身体反应强度似乎与学生年龄一致——小学生经常以快速的反应从椅子上跳起来，高中生则不然。当学生们读大学时，他们似乎对在课堂上展示自己的快速反应毫无兴趣。在这种情况下，我们最好认识到深思熟虑的回应需要时间，沉默不必与课堂甚至研究现场的知识匮乏或兴趣索然相一致。当然，它不一定总是这样，特别是，如果我们要从关系性的角度来探究沉默的话。正如夏普（Sharp, 2014）所说的那样："沉默可以是一种方式，不成为一个人行动和自我表征的奴隶，不在一致的主观性幻想中被它们捕获。"(p. 38) 同样，在这个意义上的沉默可能会成为打破规范势头之力，这是一种使新意义成为可能的创造性手段。这里的沉默远非缺乏意义或意义缺席，而是通过抵制封闭或完整的定义来打破对意义的（过载的）规范性主张——沉默成了一种反抗。

最后，新唯物主义的一个重要贡献源于存在方式与认识方式的有益崩溃，伴随着对反封闭的关于认知方式的伦理定位。这是新唯物主义关系观的延伸，也许在凯伦·芭拉德（Karen Barad）的作品中得到了最好的例证。作为对第 1 章详述的美化人本主义主体的回应，芭拉德提出了一种关系性的、后人类主义的本体论："拒绝执着于'词语'和'事物'的具象。"(p. 132) 这种后人类主义本体论中固有的是"体现为世界的具体物质配置的具体的排他性实践（如话语实践／构型而非'词语'）与具体的物质现象（如关系而非'事物'）之间的关系"(p. 132)。因此，芭拉德的认知与探知的关系性方式揭示了规范化的过程以及将"事物"与其关系分开的提炼逻辑。这是一种持续的探究,作为对存在的习惯化形式的干预。从关系性的角度来说,芭拉德对走向意义的传统形式感兴趣——一种嵌入物质的、不断变化的关系性过程——而不仅仅是"什么有意义"。

与影响提炼逻辑意义的笛卡尔切割相反,芭拉德在主体和客体之间提供了她所说的"能动性切割"(agentic cut)(Barad, 2007, p. 133)。能动性切割使得意义在关系之中,而非关系之外,成为可能。因此,芭拉德强调行动内部和行动之间的区别。作为前缀,内部表示"在里面",而之间表示"在……中间"。尽管乍一看,这种区别可能微不足道,但这种区别确实体现了,在后人类主义时代,我们在哲学上看待意义产生的方式发生了重要转变。一般来说,设想两个或多个实体之间的关系是假定它们在关系之前就已经存在(即它们在进入关系之前是分离的、被控制的事物)。因此,意义是通过两个已经形成的实体在一些预先存在的情境下走到一起而产生的,这些实体拥有自己的历史和条件,产生了交叉点,但它们完全先于它们的关系而存在。然而,从"内部"的概念开始,就能认识到关系本身是构成性的,从不缺少物质情境。更简单地说,之间-关系符合传统的笛卡尔思维,即在现象之前(或外部)区分主体和对象。然而,内部-关系不允许预先存在的关系,而是强调在现象中涌现的关系。因此,传统的因果关系概念不再能从芭拉德的关系模型中找到逻辑牵引力。如库尔与弗罗斯特(Colle and Frost, 2010)所写的那样,"因果之间不再存在量化关系",其结果意味着"既不可能提前预测结论,也不可能重复一个事件"(p. 14)。从方法论上讲,这种预测和重复的缺失确实是富有成效的。

　　此外，芭拉德对内部-关系的坚持改变了表征危机以来主导探究领域的自我-他人的概念，并有效地改变了人们讲述真相的风险，也就是通过直言方式讲述。"在关系中"是在关系内部，而非不存在关系——是在关系之中，而非在关系之间。真相讲述会危及内部的关系，从而危及一个人的身份认同（处于这种关系中的人）、公民身份（社群中公认的自我）和现实（一个人与我们生活的世界的动态关系）。这是一种充斥着本体论的探究的关系。在挑战他者的过程中，一个人也挑战了自我（因此是具有动态性、物质性的关系感）。这种新形成的身份认同、公民身份和现实之间的关系是我在第4章中讨论的致力于社会正义的直言式探究的一个关键要素。芭拉德对新唯物主义的研究为以唯物主义社会正义之名讲述真相打开了大门——我认为这是一种当代的直言实践。这种关系在很大程度上挑战了方法论责任的传统实践。

　　正如皮尔斯和麦克劳尔（Pearce and Maclure, 2009）所说的那样："我们是谁，我们与他人的关系可能是什么，这些问题涉及对责任的重新思考。"（p. 250）通过这种方式，身份认同（我们是谁）和我们的关系（我们与他人的关系）的问题必然会质疑关于责任的规范性主张，因为一旦我们质疑自己是谁，以及我们是如何相处的，我们就必须重新思考我们与自己、与他人的关系，以及我们所了解的关系。正如芭拉德（Barad, 2012）所阐明的那样："责任不是主体选择的义务，而是先于意识的意向性的一种人体化（incarnate）的关系。责任不是要进行的计算。它是一种关系……一种反复的（重新）开放，一种赋能的回应性。"（p. 34）责任中存在应对的问题——以特定方式应对情境和环境的能力。此外，如皮尔斯和麦克劳尔（Pearce and Maclure, 2009）所阐明的那样，这种"反应能力"必然源于与未知事物接触的可能性,这是一种对不确定性的开放性,"为了欢迎未知事物,避免以我们习惯的、不假思索的方式做出反应"(p. 250)。因此,责任被赋予了新的维度,被作为拒绝源自规范理性的习惯性、常识性反应的伦理取向。在这种反思中,对方法论责任的考虑必须超越程序伦理学,延伸到在未知的认知与探知方式中相遇和联系的能力——这是体现认识论和本体论导向的不确定性的地方。此外,正如苯妮特(Bennett, 2010)所指出的那样,坚持人与物之间的内在关系(物的活力)"说明了个体无法对其影响承担全部责任"(p. 37)。从这个意义上说,责任总是局部性的——从来都不是特别的——因此我们必须将我们的关系转变为伦理关系。没有责备的根源,没有谁对特定结果/影响负责,或什么是责任的主张。因此,我们不应该寻找一些承担(或声称承担)全部责任的主体,而应该对我们所处的物质性关系进行伦理思考。因此,我们有必要以不同的方式进行探究,拒绝现状带来的约束。

最后,芭拉德(Barad, 2007)指出了认知与存在之间的重叠,这对我们在质性探究中的工作产生了重要影响:"认知和存在的实践是不可孤立的:它们牵涉了物质。我们不是通过站在世界之外来获得知识的;我们能认知是因为我们是世界的一部分。"(p. 185)芭拉德对认知与存在的不可分割性的断言源于其拒绝停留在传统意义上的二元对立中:"人与非人、主体与客体、思想与身体、物质与话语。"(p. 185)这种将现象理解为关系中的建构物的转变,使芭拉德在认识论上产生了一种伦理感,即"伦理、知识和存在的交织"(p. 185)(当我们在第4章中遇到福柯将真相讲述表述描述为直言时,请记住这种新唯物主义所体现的伦理、本体论和认识论关切)。

不可忽视的是,从辩证关系到更具对话性的关系的微妙转变,伴随着唯物主义向新唯物主义的转变。探究的辩证取向和对话取向都强调关系性的意义制造,这种意义制造是充分物质性的,表现出针对对抗性思维的敌意。出于对关系性的假定,这两种取径都是从流动性(而非固定性)和运动性(而非停滞)的认识论断言开始的。然而,正是辩证与对话取径处理必然产生的矛盾和/或不和谐的方式将二者区分开来,对探究具有相当重要的意义。

作为一种粉饰——辩证取径认识到了过程中的关系性差异,这种差异会导致不可避免的矛盾和缺口。辩证取径感兴趣的是解释或以其他方式解决这些矛盾的方法。因此,存在着从冲突和矛盾中寻求妥协或其他解决方案的趋势。有些人可能会主张,辩证的探究取径不可避免地会以某种综合来结束,这种综合是矛盾的融合,掩盖了标志着差异的区别。那么,对于许多社会批判者来说,辩证的探究取径必然是简化论的(被束缚于它们与差异/矛盾的整合、解决或综合——选择你的融合隐喻)。

与辩证主义一样,意义制造的对话形式将矛盾视作从一系列无休止的物质关系中延伸出来的产物。然而,从对话的角度来看,这些矛盾从未得到解决——它们冲击着差异,并使差异的新的表现成了可能——意义制造的衍射性实践是新唯物主义的标志。因此,当辩证路径朝着解决的方向发展时,更具对话性的探究强调意义的开放,以及更多意义完整的关系的生产。这是一种正在形成的意义,一种永远无法被解决或综合的意义。这种意义的开放与芭拉德构建的"衍射性阅读"的概念非常一致,其中,批判性探究者对关系模式进行实验,观察它们会如何随着每一个新的关系意义的开放而变化。正如芭拉德(Barad,2012)所指出的那样,这部唯物主义作品并不是"从外部综合不同的观点"(正如辩证推理那样),

"而是……将'自己'置于风险之中"(p. 34)。因此,衍射性阅读延伸到了更具风险的存在可能性,而要做到这一点,就必须通过不同的方式融入自己声称要研究的现象之中。

向着方法论天真漫游

考虑到新批判唯物主义提供的打断性的关系视角,我们如何修改我们的方法论取向,以影响社会变革的进步感呢?也许我们应从一种开放的态度开始,这在方法论意义上看似很天真,即公开抵制对现实主义的简化论批判。这可能始于将我们的集体关注点转移到不完全位于我们的参考框架中的领域———一种关于边缘认知的伦理。

在她对具有活力的物的研究中,苯妮特(Bennett, 2010)提出了一种在方法论意义上的"显得天真或愚蠢的意愿"(p. xiii)。遵循苯妮特(和其他人)的思路,我们可能会问,在方法论上天真、在一个不太确定的地方进行操作、对新的和意想不到的求知与探知方式持开放态度意味着什么。这种方法论上的天真与我在前一章中对赛图的漫步概念的解读交叉在一起。我们如何天真地漫步在方法论的视野中?天真地与这个世界邂逅就是拒绝正式训练的束缚,不受历史理性束缚的影响。德勒兹(Deleuze, 1990)认为"天真的哲学"是"最无害"的,因此在进行原始材料分析时最不会感到有负罪感(pp. 88-89)。苯妮特(Bennett, 2010)简洁地指出:"因此,方法论上的天真时刻是值得肯定的。"(p. 17)这可能被视为对更激进的方法创新的呼吁———从基于本体论的物质性延伸出来的创新实践———苯妮特(Bennett, 2010)要求我们"设计新的感知程序、技术和制度"(p. 108)，使认知、探知和生活的另类方式成为可能。

在我看来，这是对一种涌现的本体论观点的主张，一种带有边缘伦理的观点。边缘永远不会被完全了解——我们的边缘视觉只会给人一种定位和定义的转瞬即逝感。正如布拉伊多蒂(Braidotti, 2002)所指出的那样："对德勒兹来说，在中心，什么都没有发生，但在边缘，新游牧民族的年轻帮派在四处游荡。"(p. 78)参与边缘，就是在意识到一瞥(glimpse)转瞬即逝的情况下，阐明那里有什么。因此，边缘的运动——它以嬉戏的方式抵抗固定的凝视——并不是拒绝讲述真相的理由。这是一个在运动中使关系性真相可见的机会，这一真相是没有预先确定终点的真相。

这是一种批判唯物主义的真相讲述，无法与捏造出确定性的真相阐述相一致。参与政治斗争也是一个伦理决定——在讲述真相的当下时刻去定位过去和未来。类似地，邓津和吉尔丁纳(Denzin and Giardina, 2014)指出了这种批判性工作的变革可能性："作为批判性学者，我们的任务是让历史成为现在，让未来成为现在，打破过去。"(p. 18)为了同时解决对过去的历史化误读，即使我们有在积极想象一个更具社会正义性的未来，我们也需要有能力以不同的方式思考，以从合法的知识构成中解放出来。从真正的意义上说，这是为了"打破过去"——这是一种决心，既要改变我们现在的样子，也要改变我们过去的样子。这便是天真地参与边缘世界。为了将这种探究的道德取向与日常实践联系起来，我接下来将进一步探究直言。

第4章 方法论直言:真相讲述

介绍

我在本章开篇会提到,我们当代的内在矛盾需要以多种方式进行持续的唯物主义批判,这种批判突出了对真理的思考和负责任的风险伦理,通过这种批判,新的存在实践可能会被实施,以实现进步性的社会变革。从这个角度出发,我将更直接地考虑全球化新自由主义的现实(在第2章中进行了探讨),以及与之相对的批判性或新唯物主义的批判性关系视角(在第3章中进行了讨论)。然后,我将我们当代的唯物主义问题(迷失方向,真实与虚构之间的挑战性崩溃)与权力概念的转变联系起来,权力概念从通过身体并实施于身体之上的权力转变为在人口层面上更具情感的统治(福柯将其描述为从规训权力到生物权力的动态转变)。通过这些联系,我在本章中试图展示,一种参与性的唯物主义哲学性的直言实践如何通过一种实践性的真相讲述的伦理和我们所熟知的身份/

主体性的持续风险，有效地干预当代本体论和认识论的形成。更简单地说，直言的探究方法通过冒着真相讲述的风险参与社会正义的工作——这是以进步性变革的政治项目的名义进行的探究。

社会性精神分裂症：社会真相的问题

我经常被我们日常生活中的深刻矛盾所震撼。我们认识到，我们必须通过发动战争来维持和平，承担债务以提高经济可行性，以及改进标准化测试以更有效地捕捉创造性思维——这些都是理性的。今天，除了奥威尔式的双重思考之外，相反的真相也同时并存，它们相互串通，产生了一种迷失方向和冷漠距离的情感状态。在大多数情况下，这种情况是由微观和宏观视角的崩溃所驱动的，这些视角通过谨慎的逻辑体系和往往相互矛盾的实践而得以共存。批判性地理学家称之为尺度的崩溃，并将其影响与全球化新自由主义的持续进程联系起来。

作为一个拓展的例子，想想今天经济健康对我们的奇怪影响吧。经济健康的一个更令人焦虑的"标志"是信用评分。众所周知，为了获得良好的信用评分，人们需要承担债务（即获得和使用信用卡和/或房屋抵押贷款），并证明自己能够在负债时进行财务管理。无法充分管理债务会反映在一个人的信用评分中，并对未来的购买力等产生负面影响（据报道，一些雇主已经开始使用信用评分来评估求职者）。尽管我们的信用评分可能会在个人层面上产生影响，但它们也会在全国范围内产生影响，从而产生不同人群的数据比较点。事实上，有很多在线文章和广告都试图通过援引一系列关于"适当"经济运作的合法实践,甚至态度,以帮助个人提高信用评分。这种被支持的实践旨在纠正糟糕的信用评分,而不考虑直接的发生地——当与学术确定性的新自由主义规范相违背时,直接的情境就失去了解释力。

也许不仅限于我们生活中实际的情境矛盾,我对管理(或合理化)这些矛盾所花费的精力和时间也感到震惊。这些是实际的日常实践,可能会成为我们批判性探究的对象。尽管试图去解决我们矛盾的生活的实践已经持续了一段时间(有人可能会说,这是后现代性的一种条件[1]),但人们越来越关注这种不协调会如何影响集体的情感状态——迷失方向、麻痹甚至困惑。当然,这种对矛盾的认识并不是新的——例如,随着时间的推移,马克思的辩证方法无疑启发了许多领域的有关社会矛盾的大量分析。然而,与辩证法所说的通过综合来解决矛盾的尝试不同,在当代,我们需要允许这种矛盾相互并置,同时相互区别,而且不会达到完全解决的状态。正因为如此,我们独特的无解时代使得一大堆被深深感受到的社会焦虑的形成成为可能。这些存在的情感状态是在过度生产经常矛盾的真相和无法辨别真假(和/或集体不感兴趣)的情况下发展起来的。

重要的是,这些矛盾往往源于令人迷失方向的真相的过度生产,这些真相是在缺乏唯物主义基础的情境中产生的,它们通过其提炼而存在。因此,协商这些意义不一致的时间与空间需要集体的努力,这种努力发生在社会层面(或福柯[Foucault, 2007, 2008]所说的人口层面),同时也需于地方层面实施。通过这种方式,全

---

①参见大卫·哈维(Harvey, 1991)的《后现代性的条件》(*Condition of Postmodernity*)。

球化新自由主义的固有挑战需要将个人活动与意义制造的社会实践结合起来的持续应对措施。这是一种"理解"的集体性手段，通常被发展为一种粉饰——尽管从未克服——有关本体论矛盾的共同经历的方式。也许新的批判性分析是必要的。

当然，各种研究实践都是管理此类社会矛盾的重要手段——在传统意义上，研究是理解的路径，生产在此之前处于模糊状态的"合理"见解。在这种情况下，传统的研究工作旨在管理意义制造中的空白，再就是管理在不间断的常识生产中的空隙，或为这种空白做出辩护。然而，正如整本书所暗示的那样，传统的研究并没有克服提炼逻辑中固有的许多缺陷和问题。事实上，这取决于它们的可见性，并通过运用来扩展其共同地位。此外，传统的意义制造机制（以及为其提供信息的逻辑）本身就应为提炼真相的过度生产负责，这导致了一种情感上的方向迷失，这种状态已经主导了我们的时代。因此，任何试图干预认知与存在的传统形式的探究过程——也就是说，任何致力于社会正义和进步性变革的项目——都必须努力解决在我们的文化中产生和维持真相的方法问题。

暂时回到信用评分的例子，人们可能会轻易意识到信用评分对本·拜茨（Baez，2014）所说的"我们生活的数据基础"的贡献。数据库（以及那些用量化数据填充数据库的技术）使在人口水平上比较多个数据点成为可能，拓宽了我们被看见的或被知晓的关系性可能。信用评分引入了一系列经济数据，然后将这些数据与生成的一系列统计规范进行对比，即已知的"健康"经济函数的平方。然后，这些规范化的数据会对个人产生影响，根据经济价值对他/她进行定义，甚至规定未来的活动（如前面提到的那些旨在修复异常信用评分的做法）。从这个意义上说，信用评分在当代社会中达到了一个"真相"的水平，它定义了我们，也允许和限制了某些活动。因此，这些真相从人口层面出发，旨在施加于个体之上。

一旦可见——也就是给出信用评分——个体就可以相应地增强或改变经济活动，被规训的身体会产生新的行动、新的存在方式，以特定方式去保持统计意义上的可见性。至关重要的是，"顶撞"自己的可见性的唯一方法是采取合法化的实践，并使其成为自己的做法。不存在对系统的合理性或驱动其生产的统计价值的质疑，相反，人们可以以不同的方式行动，以更符合经济规范——也就是说，人们能够以市场价值规训自己。这具有完全的物质性意义：人们会因为在统计数据上为人所知而感到焦虑（与这种可见性伴随而来的脆弱性），即便个体会参与物质性实践来"纠正"这种自我认知。选定的"真相"，在统计呈现的人口和个人日常实践的交叉点上发展起来，影响一个人的情感状态，为统计知识的形成赋予明确的物质合法性。在从人口到个人再到人口的流动中，没有办法解决任何矛盾——人们必须简单地保持共存，在其持续生产中行动。其结果是近乎荒谬的矛盾现实。[①]

更进一步地讲，这种朝向人口层面的认知运动导致了选定的情感状态，鼓励了一种社会顺从。这不仅仅是对老一辈（如千禧一代）的政治冷漠或懒惰态度的指责；相反，这表现为在国家安全紧急事件或社会环境悲剧（如卡特里娜飓风或2011年塔斯卡卢萨龙卷风）中最明显的集体恐惧感（Kuntz, 2015）。这种共享的情感状态的结果是重新强调安全是政治王牌——我们把自己交给了人为的风险保护措施。当然，这体现在个人实践（付钱给机构监测信用评

---

①这导致德勒兹认真对待《爱丽丝梦游仙境》中令人困惑且难以摆脱的非方向性。

分,把我们的孩子送到私立学校,安装家庭安全设备)和更大的社会规范(认识到政府需要读取/解释我们的数据——无论是电子邮件还是手机记录,甚至是我们从亚马逊订购的书籍)中。这些集体情感状态不再(仅仅)是个体的驯顺的身体(如福柯的规训权力构成),而是在人口层面上发展出的一种规范化的顺从性。通过这种方式,生物力量的展现通过情感将个体与集体联系起来,发展的实践旨在于分体(dividual)的文化中保持可见性,即,将人转化为数据(见第2章)。通过不断的分体的生产,一种集体的顺从性得以形成——真相讲述似乎迷失在矛盾的海洋中。

　　伊恩·布坎南(Ian Buchanan)在2014年德勒兹研究会议的主题演讲中指出,我们的时代是一个荒谬的时代,虚假和真相以同等的地位被并排展示。这源于这样一种观念,即我们"知道"多种真相,但没有足够的手段与之产生直接关系,这就造成了一个精神分裂的社会,它因无法区分越来越多的真相主张而陷入瘫痪。因此,布坎南(Buchanan,2014)继续断言,精神分裂症作为一种社会疾病存在,它认识到的真相比人们可能采取的行动还要多。真实与非真实相互交织,精神分裂症患者迷失方向,以致无所作为。考虑到全球化新自由主义蕴含的多层的反常心理,精神分裂症并不是对我们时代的隐喻性描述,我们在字面意义上,就生活在一个精神分裂的社会里。因此,揭露不真实的东西(虚假的东西)不再是以任何革命性的方式改变体制的手段(也许正如旧的批判理论家所做的那样)。当代的问题不是制造谎言,而是多重且往往相互矛盾的真相的不间断的生产导致了我们的精神分裂状态(Buchanan,2014)。也许这就是为什么"批判性"学术失去了打断性的锐气——呼吁人们去关注使精神分裂社会失败的谎言。相反,我们必须审问的是多重且矛盾的真相,尤其是当其明显展示了集体情感状态时,往往会导致我们作为政治主体的顺从。更进一步地说,正是这些真相的讲述——而不仅仅是被生产出来的真相本身——才值得我们进行批判性分析。谁能说出这样的真相,让人们看到它们?一个人需要怎么做才能说出真相?在讲述中,什么是有风险的,或是更安全的?

因此,我们的政治项目可能是一种冒险式的真相讲述,这种做法与全球化的新自由主义提炼理性不同。鉴于精神分裂症社会的持续发展及其造成的文化瘫痪,我们需要进行一种不同类型的真相讲述,一种不仅限于重新描述我们的精神分裂状态的讲述。我们需要一种批判唯物主义的真理讲述,它冒着我们所熟知的主体性的风险,冒着我们管理精神分裂社会之矛盾的根基的风险。

正如我在本章中明确指出的那样,我主张将直言方法论实践作为批判性真相讲述的一种手段。这种生产性导向改变了人们对方法论工作、风险和责任等关键术语的认知范围。事实上,真相的直言取向决定性地反击了在方法论工作的自由世界中占据主导地位的疲惫的犹豫,这种犹豫因为害怕将经验、推理或虚构的现实的某些元素具体化或因不确定而不愿使用"真相"或"多重真理"。①这种犹豫的奇怪后果是,从这种非真相定位中延伸出来的不可避免的暂时性实际上促成或进一步推动了(矛盾的)真相的增生,这些真相是精神分裂症社会的标志。我们不再进行公开的真相讲述,以至于我们实现了 种方法论引发的瘫痪——我们没有可以

---

①尽管这可能是一个显而易见的观点,但我不得不注意到,过于简单化的"后现代理论/分析"质疑与任何真相联盟,从而为相对主义的意义主张铺平了道路。因此,对社会正义工作的合理主张几乎没有依据。当然,请注意,我也提到,这过于简单化。

采取行动的真相（或者存在一种多重、超定的真相的景观，其多样性使我们无法采取行动）。通过这种方式，方法论意义上的相对主义参与了集体顺从性的规范化。我们不能因这种后果而将自己移出共同的责任。我们需要根据责任和风险的新概念，以不同的方式去思考、行动和生活。

方法论后果

回想一下我之前关于从传统及新的唯物主义立场中拓展出来的方法论实践、风险和责任的主张。按照提炼逻辑去运作，传统形式的质性研究优先考虑一系列方法论技术和程序，所有的这些技术和程序都旨在将主体和现象从物质环境中移除出去。通过这种提炼，主体和现象"被知晓"，作为赛图（Certeau，2011）的可运输的对象，或者方法论学界通常所称的数据变得可见。责任和风险从提炼的命令中汲取意义：研究者的责任是对研究对象进行充分的界定和移除物质情境中多余的意义。简言之，这意味着通过提炼式区分为理解赋予特权，从而截断这些数据在情境之中的关系性可能性——来自外部的意义。此外，这种提炼式的实践生产了外化的真相——在关系之外，通过分析外部数据而变得可见的真相。因此，只有在以下情况下，这种外化的真相才被认为是合法的：（1）它在时间和空间上以某种固定的方式维持（正如后实证主义者所说的那样）；（2）它只是暂时地与一个无法在更广泛意义上被理解的时刻联系在一起（正如对后现代的简单化表述和/或立场理论可能声称的那样）。这两种情况都存在明显的困难，对以政治变革和社会正义之名的探究方法产生了一系列后果。第一种情况导致

114

了一种近乎信仰的信念,即一种停滞性的和超越所有情境的基础
定位(但几乎可以从所有情境中获得)。从历史上看,这种取径未
能阻止对后结构主义理论的质疑:谱系学分析表明,这种真相的生
产是社会历史性的,远非永恒的或完整的。第二种情况则导致了
一种对相对主义思维的不幸倾向,不论道德后果如何,其都会为融
入了文化的真相赋予同等的地位。这种方法使社会正义项目失
败,因为它缺乏采取进步性行动的充分基础。考虑到这些不可避
免的缺点,人们还可以探究与每种情况相关的风险类型。

通过意义的提炼式生产,研究者仅仅是真正冒着无法被理解
的风险,以及无法让被提炼的数据为当代新自由主义规范和价值
观所知晓的风险。从这个意义上说,对固定和完整数据的提炼和
分析要求探究者将相同的意义与多个情境联系起来。如果不这样
做,将导致被提炼的有意义的数据的崩解,当分析的数据未通过情
境的测试时,它将失去生产性的支持。在使意义过度情境化的情
况下,研究者必然将解释性的主张完全置于封闭或以其他方式分
隔的情境中,并犹豫是否提出那些超出有关被提炼的场景的瞬间
快照式的主张。当然,在这两种情况下,研究者几乎不会从事有风
险的工作。相反,这是一项规范性的工作——分别复制关于永恒
意义和相对性意义的假定。在每种情况下,风险都源于与数据生
产相关的担忧——其中一种风险是"丢失数据"或产生"仅仅是描
述性的"且已被我们所知的平庸数据。这些都不是本体论或认识
论层面的风险。

从另一个角度来看,第3章概述的唯物主义焦点通过在一系列
正在进行的内部行动中预测关系性知识,强调了传统质性研究中
的提炼逻辑。在这种情况下,方法论工作涉及从认知到存在的崩

115

塌,即一种本体-认知论的取径,认为意义是通过内部的行动主义现象产生的。那么,探究者纠缠在一系列的生成过程中——永远不会结束的事件中。这些无疑是物质性的参与,将探究项目从对正确提炼已知数据的关注转移到了对认知和存在的关联和联结的问题上。这种对物质性的关注将关于风险的断言从被生产的数据(作为产品的数据)转向了一种正在生成的数据——没有明确目的。鉴于新唯物主义原则提供的见解,考虑这种唯物主义取径如何为提炼逻辑和实践的规范生产提供关键干预仍然很重要:简而言之,这种唯物主义取径如何通过探究使社会正义工作成为可能?定位于物质情境中的社会正义工作如何在全球化的新自由主义情境下进行干预?

新自由主义时代要求我们用更少的资源做更多的事情,保持我们个性的神圣性,并使我们自己在统计意义上与宏大的多重性(前面提到的提炼逻辑的双重约束,其决定了信用评分)保持一致。全球化原则主张,为了在全球范围内保持竞争力,必须克服对内部遗产的珍视。这似乎是后现代二者/和(both/and)的化合物。我们要把多重矛盾的真相置于同等紧张的状态,而且在这样做时不会拉响功能异常的警报,也不会拉响在这种情况下无法保持(经济)生产力的警报。简言之,我们注定要忍受多重真相的精神分裂社会,但仍不能被这种情境下不可避免的矛盾所左右。重要的是,我们已经开始渴望这些矛盾的形式——从几乎使它们调和、几乎(尽管从来没有完全做到)使它们在没有太多可见摩擦的情况下共存中获得满足感。

德勒兹和迦塔利(Deleuze and Guattari, 1988)的工作无疑指出,这种特殊的发展明显是资本主义的产物。资本主义产生了精神分裂症社会,因为它需要——事实上,依赖——精神分裂症来继续扩张。从方法论上讲,这有点有趣。传统的探究取径可能是从一种类似的矛盾关系中发展出来的——希望主体同时进行生产和消费,方法论则被作为欲望机器的自然产物。这是传统研究借鉴资本主义新自由主义价值观的一个例子。进一步推进这一点,我们可以看到真实和虚假以多种方式在同一阶段共存(参见布坎南[Buchanan,2014]对精神分裂症社会的解释)——方法论技术(研究协议或编码技术的排序机制)产生了可见的发现,这些发现被称作"真相",因为它们来自合法的方法论技术。如果真相受到质疑,那是因为它们源于过时、低效或错误的技术。这些真相的影响——例如,它们如何重塑或质疑规范性的存在方式——很少受到质疑。

从历史上看,我们可能会发现方法论传统主义者试图同时表明解释方法既具有科学严谨性,又不需要对定义的严谨性进行特别科学的定义。[①]还可以考虑传统的编码机制,这些机制鼓励研究者提炼一些叙述的经验——通过分解来净化——即使他们打算超越直接的编码。通常这样的编码代表了经验本身的主题表征——或隐喻。它们不是这样的经验,它们超越自身指向了一种经验。

---

①这种对科学的诉求以及将科学单独区分开来的做法一直延续至今,科学是一个想象中的方阵,而探究的优点和价值正是在这个方阵中得以体现的。当然,传统主义的探究视角似乎从未动摇在几十年前被首次提出的"物理学崇拜"(physics envy)。同样,我们可能也会质疑,那些支持新唯物主义探窄方法的人是否容易为意义的科学隐喻着迷。举个例子,卡伦·芭拉德的研究无疑(理所当然)在教育研究质性方法的特定群体中引发了关注。芭拉德对本体-认识论的研究影响了许多方法论学者,包括我自己。同时,这确实让人想去了解,芭拉德如何以物理学为例(衍射性知识等),说明物质在意义制造过程中产生意义的方式,这或许也是出于类似的愿望,即希望探究能像科学一样,产生更有趣/令人兴奋/有意义的诠释。无可否认,我对此也感到有罪恶感。

然而，尽管隐喻具有模糊性——尽管隐喻总是超越了自身——但据说它们在某种程度上比本应展现的经验更精确、更明确，从而更有意义。就好像编码过程是通过开放隐喻来确定意义的。这种奇怪的——有人可能会说是矛盾的——场景是由某种需求来激活的，这种需求为的是将一系列事件组织为大于其表面的意义。

然而，也许正是这些多重的真实-虚假的荒谬性将人们拉回到了标准化程序的舒适感。通过方法论，我们能够以合理的方式去试图理解。当然，我们可以这样做，而不去讨论我们当代存在的荒谬性——不去质疑我们精神分裂的自我。通过叙述-编码-表征的线性生产（继续举例），我们得到了有序意义的安慰，以及除此之外可能没有意义的逻辑的安慰。作为一种更有效的过度制造真相的手段（更具批判性的干预），我们可能需要以不同的方式思考。

更新的批判

尽管福柯（Foucault, 1997）使用了不同的术语进行他的分析，但他对经验和批判的重新定义源于对作为一种理性体系的新自由主义的深入质疑，通过这种理性体系，这种有限的经验概念被人们所知，甚至被接受，这是我在本书开头首次提出的一个担忧。作为回应，福柯认为经验是真相、权力和与自我的关系之间持续的相互作用（Lemke, 2011）。福柯提出，批判是对作为主体的自我进行问题化、不服从及披露。这些新的批判断言和经验的交叉点对理解福柯关于直言的作品以及我自己对方法论责任和风险的考量的背景而言很重要。此外，福柯的批判观点坚决反对将这个术语与简化的批判性概念混为一谈（如第1章所述）。

　　理解福柯批判概念的一个初步方法是关注他在内在消极的概念上的关键转变,这种视角涉及有缺陷的思维,以及探究者与所研究的现象保持的距离。在这种方式中,批判的消极概念强调了定位与解决思维错误的程序——需要修正的矛盾及逻辑断裂。这就是辩证探究所固有的走向综合的过程。而且,为了定位这种缺陷,在知者(生产批判的人)、已知之物(批判的对象)和不知者(知者试图向其阐明批判以达到启迪的目的的人)之间仍然需要保持距离。因此,消极批判始于分化之处。

　　与这种消极的形式相反的是,福柯(Foucault,1997)提供了批判的生产性可能性,作为一套实践,去定位真相统治的限度,以期超越它们(Lemke,2011)。通过这种方式,批判拒绝了认知的局限,相反,它指出了存在的不确定形式中固有的可能性——尚未被知晓。一个人对当下的历史进行持续的批判,以便在未来开辟新的可能性,这就是第1章中批判者所进行的批判。

　　同样,福柯对经验的更新的认识是一种超越了认知限度、超越了现在、延伸至了一系列关系性实践的概念。从这个意义上说,经验从来都不是“一个人自己的”,而是通过社会实践与真相统治的相互作用来展现的。一个人永远不能把经验作为自己或自己个体身份认同的标志。与戴斯迦雷斯(Desjarlais,1997)在试图描述参与者时不可避免地缺乏连贯性的内部主体概念化的传统经验概念不同,福柯的经验概念通过一系列关系表现出来——实践之于实践,真相主张之于真相主张——这些关系永远存在:经验是正在生成的实践。

　　让这种新的批判概念承载着关系概念化的经验意味着探究者——从事批判之人——永远被束缚在具有批判力量的经验中。

因此，批判是一种关系性行为。正如莱姆克（Lemke，2011）简洁断言的那样："批判意味着在玩游戏的过程中改变'游戏规则'。"（pp. 35-36）探究者正是通过坚定改变"游戏规则"来冒险的。改变这样的规则必然会改变游戏中的关系——一个人在互动中被认知、被看到和被理解。因此，存在着这样一种可能性——事实上，也存在着这样的希望——批判将不再允许探究者还是过去的样子，因为批判将在本体论层面产生影响。通过批判，一个人能够识别本体论认知的界限——一个人是谁的限度——以特定的意图来超越这些限度，而自己则冒着风险。因此，批判是伴有风险的东西，把自己暴露在无限的可能性中。当然，由于风险带来了一定程度的（生产性的）焦虑，批判从来都不是简单的认识论冒险——批判发生在存在的情感层面。改变日常实践的政治工作具有危险的力量，因为这种实践的转变从来都是不可预测的（Ross，2008），而且是有力的，因为它们仍然停留在日常的物质性中。如第3章所描述的那样，新唯物主义或批判唯物主义的关系性取径试图从内部改变标准化的"游戏规则"，拒绝采用观众的远距离视角。因此，这种批判性的唯物主义为真相讲述提供了可能的新的实践，为以社会正义之名进行富有成效的批判提供了新的路径。

从直言视角探究社会正义，需要强调认知、探知与存在的关系性方式。其中一个重要部分来自关系性风险的要素——探究者需要挑战定义他们的关系，这些关系使他们的行为具有可见性/合法性。从这个意义上说，作为直言的探究需要探究者进行批判性自我反思，因为他/她必须在多重和交叠的情境中不断发展真相。此外，直言者永远不能回到知性的试探阶段，拒绝坚定的关于真相的主张——这就是对真相讲述的风险的拒绝。直言者这样做是出于讲

生产性的批判感,突破了方法论真相统治的限度,将自己披露为一个主体。[①]通过文本,莱泽提供了一种"我们都在某种程度上迷失的新的地理学"(p. 161)。通过将科学工作从传统基础上剥离出来,莱泽提出了一种位于"不完整信息中的方法,其中不完整和不确定性是资产"(p. 161)。在这里,基础性的缺失促成了一种不同的参与伦理,即一种关注后现代性挑战的伦理,干预了现在的政治。这就是具有不小风险的真相讲述。

具体而言,莱泽的批评源于对清晰言论和权力关系网络的质疑,这些关系将"清晰"视为理性的和理想的。作为回应,莱泽提供了无法言说的真相,超越了那些旨在唤起清晰性的做法。因此,莱泽指出了"清晰性的暴力"及其"非无辜"的特征(Lather,2007,p. 86),并要求我们假定一个参与性的思想家/读者——我们可以在其中说话的积极关系——遇到了无法被言说的真相。那么,"迷失"的生产性后果是什么呢？这种批判要求我们将真相定位为超越理性。在实践中,莱泽挑战着自己与研究参与者之间的关系,她指出,许多参与者拒绝用线性渐进叙事以外的任何方式来呈现他们的现实。因此,"迷路"的邀请并不总是被接受,甚至不总是被承认,仅可能会被作为对原初言说者的反驳而被退回。与此同时,莱泽实践"双重科学"的尝试对方法论现状提出了明显的挑战。

类似于莱泽的对参与性思想家/读者的假定,伊恩·斯托纳奇(Stronach,2010)寻求的是读者"被迫去制造意义,而不是接受意义"(p. 12)。因此,这是一种关系式的认知方式,一种将读者-作

[①]为了认识到这一曝光的物质现实,莱泽在她的书中讲述了一个裸体坐在热水浴缸里的例子,而(穿着衣服的)同事们问她关于她的工作的理论问题。

者-文本的当下与可能的未来联系起来的创造性能力。因此，斯托纳奇试图去干预为"预先确定的方法论——我们时代的绝对惯例"（p. 154）提供信息的逻辑。这种预先规定的方法仍然弄巧成拙，从来没有冒过超越最肤浅层面的政治参与风险。因此，斯托纳奇将他的工作确立为对当代方法论工作的必要反击，因其借鉴了传统的遏止逻辑："方法论寻求的是抑制不确定性，而我们更喜欢尽可能地探索和调动它们。"（p. 146）与莱泽的作品类似，斯托纳奇指出了超定真相的打断性潜力，这些真相不受提炼逻辑的支配，更重要的是，其充满了政治性唯物主义变革的潜力。

同样，类似于莱泽，斯托纳奇对从已知地点工作的坚决拒绝——而是选择在已知的及尚未知晓的边缘工作——挑战了他的关系，对他的学术领域来说也构成了风险。因此，斯托纳奇（Stronach，2010）讲述了他如何"成为专业人士"，也就是成为一个利用"'经济绩效'与'实践生态'之间的紧张关系"的人，如何对其领域产生令人不安的影响："事情并不顺利"，甚至导致一些成员称他为基于领域的"异端"（p. 121）。对斯托纳奇而言，这种危险的做法源于一种政治呼吁，即进行探究，以抵制当代课程和教学实践标准化和同质化趋势中隐含的"教育死亡"。探究不必被卷入规范化的时代：我们需要一种不同的讲述真相的意识来对抗和干预这种趋势。

在他的整个文本中，斯托纳奇（Stronach，2010）采用了一种关注"施为性（performative）①理想"（p. 1）的写作形式。因此，《全球化中的教育》（Globalizing Education）被构建为一系列相互缠绕的"二

---

①斯托纳奇采用的写作方式是一种能够实施并同时颠覆自身规范的"自反性行动"（p.1）。为了突出这一行动的动态性，本书采用"施为性"的译法。——译者注

重奏",而没有被单一的、进步的统一叙事所束缚(p. 121)。这种写作实践可能符合邓津(Denzin, 2010)所说的拒绝复述经验的"新写作"形式:"这种讲述创造了经验。"(p. 89) 对邓津来说,真相讲述延伸至我们如何呈现我们知道的内容和认知的事件。在这样的实践中存在着施为性真相:"我们的目标是通过我们对世界的写作方式来改变世界。"(p. 90) 在这里,邓津继承了米尔斯和马克思的思想,这两位政治参与性的学者以寻求批判项目而闻名,"改变社会,而不是简单地诠释社会"(p. 9)。

对邓津来说,对社会变革的探究始于一个在政治意义上具有施为性的工程①——真相讲述是一种深度合作、对话式的实践。因此,邓津(Denzin, 2010)从公开的政治变革呼吁开始:"我将把我们的牌摆在桌面上。"(p. 18)通过施为性转型的愿景,邓津将探究、行动主义、批判和批判性公民的形式分解为一个动态的、共享的真相讲述的过程。邓津的愿景是乌托邦式的——为与我们当前不同的存在提供了思考的空间——并为地方和全球、个人和集体的多个层面的社会变革提供合作式对话的框架。因此,邓津呼吁采取集体行动,以实现社会正义,这是激进民主的可能性,暗示了一种对新兴的、社会正义的当下的全新愿景。如本章后文所述,直言与当下的民主相一致,它假定了尚未确定的未来所固有的可能性。在

---

① 这里译者将"performative"译为"施为性"。根据邓津的著作《施为民族志:批判教育学与文化政治》(*Performance Ethnography: Critical Pedagogy and the Politics of Culture*),"施为"是一种干预的行动、反抗的方法、批判的形式,以及揭示能动力量的路径(p.9)。施为嵌入在语言"做事"的过程中,也包括被语言做出的行动。在这里,"perform"的含义要比我们通常对应的翻译"表演"一词丰富得多。例如,在"施为美学"中,传统的处于被动接受地位的观众消失了,所谓的观众成为互动者和意义诠释的共同建构者。译者选择"施为性",而非"表演"的译法,正是希望突出这种动态过程性,以及在行动中得以施展的能动性。——译者注

这里，邓津的施为性真相展现了激进变革的政治可能性，一种对存在和生成过程的新方式的合作性坚持。在解读关系时，莱泽、斯托纳奇和邓津的作品指向了一种直言的可能性——为了更趋于社会正义的、不确定的未来而冒险进行真相讲述。

作为取径与方向的直言

出于一些原因，福柯对直言的解释引起了我的兴趣，它对我作为方法论学者及方法论实践学者的工作产生了后续影响。更进一步地说，正如彼得斯（Peters，2004）所指出的那样，福柯晚年在伯克利的演讲广泛关注直言，因为它与教育有关。尽管我对教育机构再生产社会不平等的能力敬畏有加，[①]但我仍然认为教育是一个很有价值的研究领域，因为它拥有引发社会变革的潜力。

同样值得注意的是，福柯在他的演讲中，他几乎是旁敲侧击地指出，直言与传统的笛卡尔认识论的主张并不相容，后者将证据视为一种心理事实（Foucault，2001）。鉴于此，直言不可能出现在由提炼逻辑控制的框架中；相反，直言必须处于这样一种世界观中：在这里，真相讲述由具身性、唯物性的活动构成。因此，考虑到第3章概述的新唯物主义提供的本体–认识论取向，福柯对直言的阐释就显得更加重要。新唯物主义所主张的关系性唯物主义为真相讲述提供了新的考量，使得直言活动在当代成为可能。鉴于我们对真相的文化性过度生产造成了日益严重的精神分裂后果，直言的批判方法在现在对社会变革来说也许更加必要。

---

①正如我的一位同事喜欢说的那样："并不是学校有问题，恰恰相反，他们太擅长自己的工作了。"

因此,我以对直言的原则性要素的概述来开启这一小节。接下来,根据我开放的立场,即社会正义工作必然涉及参与性民主行动,我找到了直言和一个运转良好的民主国家之间的必然联系。真相讲述与民主参与之间的这种联系与福柯对政治直言和哲学直言的区分是一致的。最后,我指出,以社会正义之名进行的批判性探究是如何从以哲学式的直言工作为例证的真相讲述的关系性过程中延伸出来的。

对于福柯来说,直言本质上是政治性的,它从有力的社会批判立场开始,使打断了规范化的认知与存在方式的真相为人们所见。正如福柯(Foucault,2011)所写的那样,直言的观点"总是不断地从头开始,试图将真相的问题带回到其政治条件的问题上,带回到通向真相的伦理分化问题上"(p. 68)。对"政治条件和伦理分化"的强调在当前的情境中建立起一个坚实的基础,将真相讲述与不断变化的文化领域中的政治和伦理话语联系起来。在当代,批判方法论学者可以向福柯学习,他坚持将真相讲述与探究放置于一种发展的社会情境中,这种社会情境"总是从一个新浮现的当前情境重新开始"。在某些方面,这种方法与罗萨尔多(Rosaldo,1993)以及雷斯尼克和沃尔夫(Resnick and Wolff, 1987)等人对过程性分析的坚持是一致的——从对物体或事实的方法论研究转向了对不断自我革新的社会过程更具批判性的审视。这种"社会分析的重塑"(当然,这是罗萨尔多的副标题)带来了一个重要的转变,即方法论实践的目的从阐明霸权文化转向了解构霸权文化,这种转变更符合福柯先前提出的批判观念。回想一下社会批判的不足之处,它们仅仅指出了我们在真相的过度文化生产中的虚假性,这样的批判使我们当代激进的社会变革工程失败了。

简而言之，"讲述真相"就是重新开始，始终维持直接的物质关系与历史话语互动的同时性，正是这种互动使真相讲述的行为成为了可能。直言并不是一种提炼逻辑，它仍然处于关系性存在与认知的纠缠之中——这是一种以本体-认识论为基础在世界上生活和探知的方式。重要的是，福柯（Foucault, 2011）试图区分他关于真相讲述的观念与技术："直言不是一种技能……它是一种立场，一种存在的方式。"（p. 14）这里存在一个情境，我们方法论学者可能认识到了方法与方法论之间的区别、技术官僚化的技能或技巧与对认知或探知取径的思考之间的区别。在这个意义上，方法论的中层管理者——仅操作程序机器的人——不具备这种真相讲述的能力。事实上，福柯将直言视为一种"存在方式"，强调了真相讲述的本体论取向。我们不能只是孤立地在我们的方法论工具箱中无休止地寻找更多工具，还需要实践及教授新的存在于世的方式，以及新的意义制造的本体论取向。

因此，我认为直言的立场对我们当代的质性探究来说必不可少，然而，这一立场常常被忽视，因为人们遵从技术的固化规范，将探究、方法、数据和分析与物质情境分离开来——这是一种在提炼出的本体论与认识论的残留中找到逻辑牵引的方法论程序意识。像这样，在质性探究中承诺使用直言改变了我们教授和参与批判性质性探究的方式。在我们的研究生方法论课程中过分强调技术，使得在探究过程中必须区分规定的方法论"步骤"，这种区分同时也会适得其反。探究过程由此被从探知的物质现实中抽离出来，质性研究也就成了去政治性的。当"方法论学者"变成了一个技术员，专业知识就失去了其政治锐气。用福柯（Foucault, 2011）

的话来说,方法论的技术员可以进行教育,但他/她的教导并不会构成风险,他们只是确保技术性的知识得以留存,并且随时可以被学生(不久后将成为技术官僚)复制。我们所处的教室需要的不仅仅是重现标准化方法的装配线,相反,它们需要响应建立物质参与性的工作坊或实验室的紧要性,促成在存在、行动和生活中尚未实现的、具有深刻政治性的要素。

　　因此,我呼吁批判性质性研究者将其教育和研究项目视为一种存在于物质环境中、具有政治性参与的有力的批判过程。正如福柯(Foucault,2011)所指出的那样:"当革命性的话语采取批判现存社会的形式时,它发挥着直言话语的作用。"(p. 30)真相讲述源于批判性参与——探究就是具有生产性的批判。对于直言者来说,不可能用虚假而疏远的手段,将探究者与被知之物甚至是批判性认知和存在的过程分开。更简单地说,实施直言意味着不能再对自我、他者、认知、已知或存在进行提炼。①

　　更进一步地说,如果要认真地审视福柯关于直言的阐释,我们必须重新考虑诸如方法论风险和方法论责任等关键概念,我在本章的后面又回到了这个问题。事实上,从直言的观点来看,沉浸于提炼逻辑的传统形式在方法论上是不负责任的,它实质上使我们认知和探知的方法变得僵化,而这或许是我们试图改变的。

　　最后,当然,我认为我们需要拒绝回避"真相"这个通常繁重而沉重的术语。直言者沉浸于真相讲述,意识到这样的行为永远不会被充分理解,永远不会被控制或变得可控。同时,真相讲述始终与那些促使它们产生的物质情境有着内在的联系。真

---

①这也许就是为什么方法论学者和哲学家——教育研究项目和教育基础——之间关系如此密切,因为他们在教学和学术工作中有着相似的关注点与相似的政治立场。

相——以及它们的讲述——总是在它们所揭示的现象中重新开启。继而，作为负责任的方法论学者，我们参与理论提问，以获知以前未被知晓的认知与存在的内部作用。我们参与批判性的方法论工作，在挑战规范的意义制造方式的同时，为在物质情境中的认知、行动和存在的策略性建构提供空间。

施行的真相

为了更好地就直言来理解福柯对真相的定义，厘清这些术语的关系性特质或许是重要的。首先，"真相"不应被理解为"现实"的某种必然结果，也不是"非现实"的对立面。对福柯来说，没有真实的生活世界是存在于人本主义主体之外的。相反，与"虚构"（fiction）的互补关系或许更有利于理解直言的真相讲述，正如辛普森（Simpson，2012）在作品中所写的那样。在这个意义上，真相和虚构都对现在产生影响（直言揭示了现在未被认识到的真相，而虚构呈现了对当下的另一种看法），由此改变了可能的未来——真相和虚构都提供了在其他情况下会被排除的可能性。鉴于我对唯物主义方法论感兴趣，在与那些可能试图叙述某种经历的人合作时，这种真相和虚构的对应关系提供了独特的可能性。如果讲述的行动对讲述者和听众产生影响，那么这里的经历本身就会是"真实"的。更进一步地说，由于（真实的）经历的讲述永远不能是经历本身，它必然是虚构的：讲述总是产生于一系列的诠释和对经历的转译，已经脱离了经历本身。然而，传统的方法论或许试图更接近实际的经历本身，直言所唤起的唯物主义路径则转向理解讲述如何影响规范的认知和存在。通过这种方式，方法论学者可以通过说出那些尚未被知晓、尚未被当前现实认可的真相来参与直言活动,即使它们在某种程度上似乎是虚构的。这种方法论参与可能提出了一些与辛普森(Simpson,2012)所说的虚构相似的内容:"一种预期的功能,通过其宣示来呼唤和创造新的现实。"(p. 105)

此外,相较于对真相的预设性界定,这里强调的是真相讲述的实践,并将这种活动置于明显的唯物主义情境之中:"直言从一种实际的真相出发——与直言者所说的时间和空间(基于共同体的)情境联系在一起。"(Steele,2010,p. 50)为了实现真相讲述的这一要素,个体必须审视使这种实际真相成为可能的特定时空情境。因此,直言的实践必然始于对当代情境——使真相讲述成为可能的特定时间和空间——的批判性审视。不只是表达某种客观或永恒的真相,直言视角下真相讲述的实践在实际上将真相与使表达成为可能的物质情境紧密联系在一起——真相讲述是位于物质环境中的批判。

在许多方面,福柯对直言的描述与邓津(Denzin,2003)对行动(performance)和施为性(performative)的关系性的概念界定是一致的。正如辛普森(Simpson,2012)所认识到的那样,直言不仅仅是诚实,更是一种讲述真相的行动——或者更准确地说,是一种实施。从这个意义上来说,直言是具有施为性的,因为它位于关系性中,永远不会完成,同时也作用于它所处的情境。没有哪种关系是不受直言影响的:对真相的讲述影响着讲述者、倾听者以及将他们联系在一起的关系,也影响着我们得以显现于世的本体论可能性。

正如邓津(Denzin,2003)所写的那样:"施为(performance)是一

种干预行为，一种抵抗的方法，一种批判的形式……当以审美性和施为性来突显政治、制度场所和具身性经验的交汇时，施为就成为了公共教育学。"(p. 9) 由于它们的关系性实施，行动与直言从来不会孤立发生，也从来不会保持固定的意义。更进一步地说，邓津关于行动的观念拒绝再现规范化的真相。相反，与直言者的真相讲述一样，行动通过拒绝再现已知、已见的事物来进行干预。重要的是，正如邓津指出的那样，我们在行动中学习是一种"公共教育学"，这种类型的学习是全然具身性的和政治性的。以类似的方式，直言作为一种被践行的、具身性的、公共的真相讲述而存在，这种真相讲述通过公共的抵抗行动开始。作为施为的直言拒绝已经被讲述的、规范化的、再现传统存在方式的真相，使得新的认知方式、之前未被看见的在世界中存在与生成的方式成为可能。① 邓津关于行动与直言的重合点对政治变革和社会正义的项目至关重要：直言作为对真相的讲述而存在，同时也影响着真相本身——存在本身、讲述者与倾听者自身。这是一种被施为的真相，同时改变了施为的内容、施为者以及未来施为的可能性。因此，直言之所以被称为"真相讲述"而不是"多个真相的讲述"(truths-telling)或类似的表述，是因为它是即刻的对当下产生影响的施为，它是使新的真相讲述行动成为可能的事件。所以，直言永远无法脱离真相讲述的实施，连字符(–)永远将"真相"(truth)与"讲述"(telling)紧密地联系在一起。试图孤立所讲述的真相，固定真相的内容，实在太容易了。相反，我们需要沿着过程性实施的思路来看待真相——正是讲述产生了影响，并为原本被排除在

---

①值得注意的是，从福柯的角度来看，在直言和德勒兹的差异概念之间存在重叠。将这两种方法结合在一起，对真相的直言式上演便是对差异的上演。

外的事物创造了可能性：真相讲述是一种具有政治颠覆性的伦理事件。[①] 在福柯（Foucault，2011）关于直言的讲座中，他区分了被实施的"言说方式"（utterance）与直言，前者产生假定的（和有序的）影响，后者产生未知的、开放的且因此具有风险性的影响。通过这种方式，直言干涉了当下的生产过程，打断了传统的本体论和认识论假定，以便让涉入关系性真相讲述的所有人——讲述者与倾听者——根据当前不同的情境进行操作。通过这种有力的打断，直言维持了其政治颠覆性（Simpson，2012）。这种真相讲述的政治性实践因此具有了"批判性工作"的重要特征（在第1章中首次进行概述）：直言干预，因而成为了一种社会正义实践。

直言、民主和修辞

尽管迄今为止我所写的内容都在倡导社会变革中直言取向的方法论工作，但就直言者在民主领域的工作而言，在直言行动中仍然存在一种内在的危险。就某种意义而言，这似乎源于直言者的目的："真相讲述"的目标是什么，这个目标如何与民主行动相一致？福柯指出了直言与民主之间必然矛盾的关系：民主需要真相讲述才能存续，但直言的要素可能轻易地破坏民主。不幸的是，福柯对畸形直言——反对民主行动的真相讲述——的呈现在我们当代的情境中似乎太容易识别出来。危险之处在于"真相讲

①尽管超出了本章的范围，但有趣的是，伊恩·布坎南（Buchanan，2014）关于精神分裂社会的主张（多重的竞争性真相都被赋予同等地位，导致了社会瘫痪）与后现代对多重真相要求的简单重述都没有论及物质基础。同样，这是对后现代认识论主张的简化，导致了对相对主义的谴责，当然，这种现象在学术共同体内普遍存在。

述"的实践沦落为简单的修辞。此时，一个人进行真相讲述仅仅是为了说服听众朝着某个方向前进。福柯（Foucault，2011）借鉴了古希腊哲学，指出修辞危险地将信仰与真相分离：通过修辞术，人们可以宣称特定的真相——或者鼓励听众得出关于真相的特定结论——而不必真正地相信真相本身。在这种情况下，修辞学家受到了古希腊的技艺（techne）或技巧运用观念的驱使。福柯因而强调了古希腊人在直言实践中的两种不同的方法：（1）政治直言，很容易变为修辞学家的领域；（2）哲学直言，将真相与信仰联系在一起，因而作为一种与世界相关联的伦理立场而存在。重要的是，这两种实践在民主中都扮演着关键的角色——一种通过说服民众以达到某个目的，另一种则呼唤民众质疑被日常民主实践赋予意义的现实。然而，前一种取径产生了虚假的民主活动，但后者为激进的民主参与创造了空间。因此，正是通过哲学直言，我们才能够定位关于社会正义的批判性探究实践。

民主需要积极参与的民众，对何为真实、何为虚假的讨论进行深入思考。正如前文所述，直言的行动必然会唤起眼下的真相，进而也改变了影响日常实践的特定逻辑。然而，仍然值得注意的是，缺乏区分真实和虚假（或者像精神分裂社会的情况一样，赋予多个相互矛盾的真相平等的地位）的能力必然会危及民主。停滞的民主——由被无差别真相的多样性所麻痹的民众来设计——失去了批判的可能性：它无法发起重大变革，无论在怎样的情境下都在时空中重复着相同的实践、信仰和价值观。这就是依赖于提炼逻辑、在意义制造中采用笛卡尔切割法的社会的境况。然而，哲学直言的批判性干预是指向真相的，这些真相在被讲述的过程中需要变革，需要转变存在和认知的模式。在这个意义上，直言对民主来说具有双重危险性。首先,在保守的意义上,政治直言通过强制强化社会停滞与重复来破坏民主。在这里,致力于社会变革的政治工程没有发展空间,仅是对已被看到、已被知晓的事物进行渐进式的改革。这是方法论技术专家的领域,也可能被视为过去的民主——去改革已经存在的东西。其次,在更具解放性的意义上,民主活动源自对当前尚未完成的现在的参与。这是需要对社会变革目标进行持续的反思性批判的过程性民主。这是直言活动的领域。当下即刻的民主(democracy of the immediate now)面临着风险,真相需要改变。因此,当下即刻的民主被扰乱,朝着一个尚未实现的未来发展。这一版本的直言需要通过激进的民主行动对社会正义做出伦理承诺。直言的方法论通过联系日常实践与影响它们的逻辑来助力这种民主行动,以期这样的批判行动使先前未知的真相变得可见——在真相的可见性中,它们发生了改变。因此,直言的关系性物质性是一种公开参与的干预,是一种激进的民主行动实践。

关于本书强调的术语,政治直言可能被理解为与第2章中阐释的提炼逻辑一脉相承。特别是,弗兰克福(Frankfurt,2009)关于"胡说八道"的观点和福柯对古代修辞学家的描述之间似乎存在一种对应关系。回想一下,参与"胡说八道"的人并不关心真相——胡说八道者为了说服他人而忽视真相(还记得弗兰克福认为胡说八道者比说谎者更危险,因为后者至少在公开说出一个谎言之前承认了真相,而胡说八道者根本不关心真相)。类似地,政治领域内修辞学家的危险在于他/她漠视了任何形式的真相——一种对认知毫不关心的认识论立场——并且只追求说服。因此,政治直言很快就会对民主或各种意义上进步/激进的民主变革产生不利影响,因为真相讲述的目标与信念被分离开来:你相信什么不重要,你是否相信你所说的也不重要,重要的是你能说服你的听众。有时候,我们现在的新闻圈子可能让人们停下来思考:我们的政治家是否仅采用了一种政治直言——旨在说服他们的选民接受一些他们容易相信的"真相"。[①]这是作为纯粹技巧的真相讲述:不存在信念的问题(我是否相信并不重要,我只想要说服你),只有真相讲述的修辞技巧(当然还有胡说八道的修辞技巧)。

回忆一下我在第2章中的说法,目前许多方法论工作过分强调技术,令人失望——说服听众相信自己的主张是真实有效的机制——而牺牲了真相讲述的立场,无法以社会正义之名促进某些进步性的变革。通俗地说,我认为,我们方法论学者已经深谙胡说八道。用更哲学的术语来说,我会认为传统主义的方法论取向强调这样一种政治直言,它很容易陷入对技术的过分强调,即使它将信念与真相讲述分离。这种情况在教学中也经常发生。"方法课程"过分强调技术,因为教师试图说服学生采用某种规范的"最佳实践",培养学生正确地"进行研究"的愿望。

与此相反,福柯关于哲学直言的说法强调了一个本体论观点:在他的话语中,真相与信念"彼此重合"。在这里仍然强调真相讲述的目标并不是"要做什么"(这是有说服力的修辞学家的领域),而是"要成为谁"(这是哲学家的领域)。更进一步地说,哲学直言扩展了政府与自我关怀的交集。直言的哲学家过去专注于对君主

---

①作为这方面的一个扩展的例子,参见不断增长的有关认知框架概念的文献,如乔治·拉克洛夫(Lakoff,2007)的研究。这种方法的一个要点在于,框架本身就具有特定的含义——因此,说服并非始于一个人所使用的单词,而是始于引发这些单词之间联想的认知框架。令人失望的是,这样的分析失望地将人们推向了一种通过认知操纵来建构信念的高度政治化的直言——信念褪色成为了真相。

灵魂的关照,而现在则强调实践哲学——这暗示着一种对自我的关照:他/她告诉别人要如何照顾自己。这里存在着一种言说和生活之间的和谐关系,一种贯穿于话语中的个体与自我的真诚的关系。直言是一种指向世界的哲学伦理立场,是一种在伦理上参与真相讲述的方式。更深层次的哲学直言指向了一种不同类型的对民主社会中规范化政治功能的干扰。政治直言可能导致修辞性的干预,这种干预旨在制造一种说服特定群体进行类似思考的社会变革(然后更进一步,追随相似的人,这导致了法西斯主义的出现),哲学直言则使得公民的反抗成为可能,这种反抗源自信念与真相讲述之间的紧密联系。

在方法论实践中重申真相讲述:直言的工作

那么,所有的这些内容与方法论有什么关系呢? 我对提炼逻辑的关注源于以下几点:(1)过分强调发展方法论的技巧、程序与活动,这些都旨在从情境或事件中提炼"事物";(2)这种安逸使方法论学者在最好的情况下成为技术专家或中层管理人员,在最坏的情况下成为胡说八道者;(3)提炼逻辑无法引发任何真正的政治变革——与政治直言一样,那些影响传统方法论的提炼逻辑过度地将信念与实践分离,将伦理与存在和发展分离。唯物主义的视角开放了在研究者感兴趣的现象中对其进行重新定位的可能性——探究蕴含在它试图理解的事件中。而我的立场仍是呼吁采用一种行动主义的探究取向,以社会正义之名进行干预。同样,斯蒂尔(Steele,2010)在学术界对直言的主张必然是行动主义的,他认为真相讲述的目的不必是动机或意图,而是影响我们学术实践的逻辑形式与理性——最能直接影响我们探究的价值观和/或"理论化的实践"(p. 60)。因此,重要的是,坚持方法论工作同时也是在坚持哲学工作。

由于我还不准备封闭真相讲述的概念,因而发现将方法论实践与福柯关于直言的观念联系在一起是有用的。通过这种方式,我接下来试图将批判性方法论的路径定位为探究中的一种直言工作。明确地说,我并不认为有任何办法能够完全匹配古希腊时期实施的直言与当代质性研究的表现形式,我的目的也不是去寻求一一对应。相反,我想要将直言视为一种不同于传统的、更具生产性的生活、存在和认知世界的方法,并思考这种转变对我们这些认真对待批判性方法论实践的目标和宗旨的人可能产生的影响。鉴于新唯物主义视角所带来的有益的本体论和认识论转变(在第3章中有所讨论),我发现了一些一致性的线索,对于研究可能是什么、研究对研究者提出了什么要求,它们共同暗示了一种进步的取向。如果在我们过度依赖笛卡尔认识论的情况下(正如福柯所暗示的那样)对世界采取直言取向是不可能的,那么新唯物主义对世界的重置也许能使我们更加开放地考虑与古代真相讲述的联想更类似的研究。简而言之,在下一节,我将讨论探究、社会正义工作、对当代世界的关系性本体-认识论立场这三者的交集。

首先,福柯(Foucault, 2011)对直言的解释涉及三个关系要素:公民身份、责任和风险。重要的是,每一个要素都以特定的方式凸显出来,它们共同创造了一种可能性,即真相讲述成为存在于世/与世界共处的取向或方法。而且,公民身份、风险和责任的具体表现源于对世界的关系性理解,有效对应于新唯物主义所隐含的关系性。作为理解直言与研究之间关联的手段,我接下来将要探讨福柯围绕真相讲述所阐释的三个要素。

第一,只有当直言者是被共同体承认的成员时,他/她才能"讲述真相":直言者作为一名可识别的公民发言——并被听见。尽管这在古希腊有特定的表现形式(例如,我们知道只有精英阶层才能真正参与民主领域,最值得注意的是,女性和奴隶被排除在公共话语之外),但我认为将它与方法论联系起来思考是很重要的。虽然有些人可能将这视为次要的观点,但我认为我们这些研究、写作和教授探究方法的人必须坚定我们作为方法论学者的立场。在这样做的过程中,我们必须以特定的方式明确自己作为方法论学者的定位。因此,我们不妨问一问:我们如何定义作为方法论学者的自己? 从事研究方法论工作意味着什么? 其他人如何将我们定义为特定共同体的成员,定义为同时积极参与地方团体和更宏观的场域的公民? 这不仅仅是在简单使用地位的特权,同时也是在要求一个能够说话的空间,要求一种定位并适应积极公民身份的生产性能力。此外,我还想思考批判性探究者的特定定位——他们的方法论工作旨在干预而非单纯描述维持着当今时代的规范理性。

的确,有时候似乎我们的方法论同行——那些研究量化方法的人——更容易被定位为"方法论学者"。换句话说,方法论学者的身份似乎基于有关专业知识的宣称——"我是一名统计学家""他/她是一名心理测量学家"。无论对于专业身份的态度如何,重要的是要承认我们发声的多重领域,承认我们自己作为教育机构的教师、特定研究领域的成员、对本地社区等做出贡献的人所拥有的公民特权。这种自我定位的重要性源于一种伦理主张,即拥有公民身份的特权就有责任去积极参与各项事宜并为给予我们认可的共同体发声。这种积极的公民身份是直言的一个重要元素,因为个体的真相讲述正是通过划定可识别的身份从而在特定群体中显现出来的。将批判的方法论与一种积极的公民身份联系在一起,或许使批判性公民的培养成为可能,罗伯特(Roberts,2014)认为这种参与是通过共享的批判责任创造出来的,能够检验本体论和认识论现状的替代方案。

第二,人们之所以进行真相讲述的实践,是源于其说出自己所知之真相的责任。也就是说,直言者不会试图掩盖或以其他方式隐藏他/她所理解或经历的真相。此外,一个人有责任说出的真相总是朝向某种权力或统治结构。这种权力要素非常重要,与福柯对权力从规训到生命权力的(再)思考息息相关。对于福柯来说,权力曾经属于某个拥有最高统治权的主体,而当代的权力形态则更为分散,通过治理术的原则向外延伸。那么,这种对权力的再思考将如何影响或牵涉直言的方法论实践呢?直言者有责任向体现出权力的众多制度、实践和身份认同讲述真相,而不是简单地向贵族或国王讲述真相。因此,真相讲述永远不可能彻底地完成,正如福柯所说的那样:"我们总是有工作要做。"直言在古希腊时期的表现与当下截然不同。正如福柯(Foucault,2011)所解释的那样,最初发展出的直言工作是面向特定的人或角色的。通过这种方式,真相讲述者向一个特定的(可识别的)主体(最常见的是贵族)进言。然而,就目前的情况而言,并没有纯粹的构成主体——权力的表现形式截然不同。因此,直言者被不同的力量引导着——朝向实践、制度和理性,而不是选定的人或事物。当然,这也带来了与真相讲述相关联的不同的风险观念。

第三,因为直言者以公民这一特定身份讲述真相,所以他/她也就将通过讲述真相建立起的关系置于危险之中。正如最初解释的那样,直言者冒着生命危险讲述真相——真相是对贵族或君主的批判,因为掌权者自己并没有发现或理解这些真相(如果他们自己能够认识到这些真相,也就不需要直言者说出来)。因此,直言者在讲述真相的同时意识到,这种行为可能使他/她脱离人际关系,因为直言者承担着失去这些使他/她为人所知的人际关系的风险。在我们当代的背景下,关系的不同概念意味着一种不同的风险感知方式。个体以一种全新的方式承担着失去自己的公民身份与人际关系的风险。值得注意的是,直言的真相讲述永远不会脱离情境,正如斯蒂尔(Steele,2010)指出的那样,这种真相讲述的活动延伸自"反-权力",挑战授予我们发声权利的真相统治。在学术界,直言的批判者使用学科语言来批判赋予他们地位的特定学科。进一步延伸,参与激进主义工作的动力部分源于打断给予学者特权的规范传统。

综上所述,我们可以看到直言者通过讲述真相,在要求获得公民身份(并被认可)的同时,始终冒着失去使他/她(作为公民)可见的关系的风险。通过这种方式,直言者试图改变他/她所属的关系——讲述真相产生了一系列持续的关系性的可能性(也许有些被预料到,有些则没有),由此干预了标准化意义的再生产。直言者永远无法完全知道——永远没有能力完全知道——真相讲述的结果,因此,每一次直言的活动都伴随着某种程度的(随之而来的)风险。

当然,公民身份、责任和风险这三个要素也能在传统的研究方法中找到定义——它们不仅属于直言的领域。然而,更新的本体-认识论假定能以更有用且更有效的方式来理解这些术语及其可能的实践。提炼逻辑教给我们的是,方法论学者的公民身份很容易被转化为中层管理者或技术专家的公民身份。也就是说，方法论学者通过管理与研究相关的技术设备而为人所知，通过这种方式，他/她成为了公民——这是通过技术性的专业知识获得的公民身份。正如这个例子所示，尽管提炼式的方法论学者可以在全体公民中找到一个位置，但他/她永远不能宣称自己拥有积极的、批判性的公民身份。因此，传统的方法论取径封闭了批判性真相讲述所固有的变化的可能性，对技术的执着压倒了对追求社会变革或正义的方法论公民身份的考虑。

在全球化新自由主义的背景下，技术专家式的方法论学者通过展示精湛的技术以及更高效的编码能力来获得价值。这就通过大量的规范体系使得制造出的意义为人所知。从这个意义上说，方法论学者负责意义的再生产——根据规范化的逻辑系统进行提炼、分析和转译。因此，方法论实践对方法论学者本身几乎没有风险，对赋予他/她定义和可见性的制度当然也没有太大的风险。简而言之，对公民身份、责任和风险的考虑仍然坚定地以方法论学者使用的技术为导向。显然，这与福柯的直言者观念形成了鲜明的对比，他所说的直言者冒着影响到方法论学者本人的风险，通过自身的驱动参与真相讲述的活动。

结论

真相讲述是一项充满风险的事业。与此同时，剥离了物质情境并受到提炼技术原则支配的教育研究无法实现任何政治变革性的项目。我们正处于一个方法论实践沉湎于提炼和程序的规范化时代。我呼吁将教育中的批判性质性研究作为一种直言的方式。

在实践中,思考直言方法论的可能性要求批判性研究者将探究的精力投入到那些永远无法通过提炼逻辑理解的实践中——也就是仍然没能被当代的治理逻辑解释的生活/存在的实践。这可以通过在被我们轻易视作"数据"的可运输的事物中寻找那些不可移动的存在的痕迹来实现。这是无法从诠释中被全然抹去的日常生活的印记。在我的工作中,我努力通过对具身性(embodiment)与具位性(emplacement)的持续检验去识别这些痕迹,这种对具身性与具位性的检验是可以挑战"数据"和"分析"的简单主张的物质过程。通过这项工作,我发现批判唯物主义的风险是显著且真实的。然而,正是对风险的承诺,即对真相讲述这一通过探究实现的政治行动的承诺,使得直言对质性研究方法如此重要。通过采取唯物主义直言者的立场,批判性质性研究者可以摆脱对提炼的依赖,从而更有成效地审视教育过程与实践。当然,同时还会带来一种在世界中存在与探知的新的理解。

直言者并不遵循几者之间的关系,而是在他/她揭示的真相之中行动。正如芭拉德(Barad,2007)生动阐释的那样,这很重要,"因为世界发展的可能性在每一次呼吸之前的停顿中显现出来,然后世界再次被重塑,因为世界的发展是一个深层次的伦理问题"(p. 185)。出于直言持续的关系性取向,如果脱离了对有效和有意的社会变革的明确伦理取向,就永远无法理解它。这导致了更高水平的责任(对自己、对他人皆是如此)与风险(自己对他人造成的)。正如辛普森(Simpson,2012)所写的那样:"因为一个人不仅拥有直言,而且经常将其作为自己与真相、自己与他人的关系的一部分来进行实践,所以它同时伴随着高度的责任和风险。"(p. 101)直言者说出与已知相悖的真相,这种现实并不是从常规的认知和存在方式中自然延伸出来的。

因此，我想通过回顾迄今为止在本书中已经涉及的那些问题来结束这一章——不是为了规定答案，而是为了指出赛图的策略性知识建构（第2章）、芭拉德的批判唯物主义（第3章）以及福柯对直言的解释（本章），探讨如何整合三者，从而为它们的构成带来生产性的新意义。在处理数据和进行探究的过程中，我们必须承担什么风险以"讲述真相"？这涉及在探究过程中重新将自己定位于知识的策略性建构和存在的关系性路径。我们的主张、我们的真相讲述，如何危及或动摇我们与假定的他人之间的关系以及我们最珍视的规范化身份？这涉及与存在和认知实践（本体论和认识论的实践和假定）密切相关的方法论实践，以及我们的公民身份在我们所创造的世界中的暂定性。这种动摇，如冒险，如何有效地使新的认知方式或在之前不可用的探知方式变得可用？这是重新导向未知之域，探究（内在）内部关系如何使（外在）相互关系不可能达成的目标再度变得可能。最后，唯物主义方法论取径会如何要求探究者承担迷失在传统的质性研究提炼方法中的特定风险？这就涉及对提炼的拒绝并将唯物主义定位为一种具有政治色彩的认知与探知的方式。

第5章 方法论唯物主义：
走向生产性的社会变革

介绍:超越技术手段的调查

我不想再讨论我所定义的"工具箱式"的探究路径。现象学探究、扎根理论或者民族志工作并不是关于哪种管道适用哪种类型的扳手或是应该使用锤子还是螺丝刀的问题。这些是将方法论简化为程序的例子。在这里,我所担心的是,我们关于方法论责任的讨论已经不必要地程序化了,好似技术层面的讨论是通往一切教育探究中的真正变革的路径。即使是最好的情况,保持在技术层面上对探究进行的讨论在智力层面也有些偷懒(我不是技术官僚,我对方法论的兴趣不在于担任某种研究型的中层管理者)。而最坏的情况是,这种对技术的限制性定位会很危险。本章所讨论的正是这种危险,以及直言作为一种行动主义的取径——也就是为政治变革而进行的真相讲述——在探究中的前景。

工具箱式的路径强调维护或提升那些被认为存在的结构化的探知方式，它们处理的是被编纂的知识体系。通过这种方式，它们无法促进以任何真实的方式干预并超越技术层面的研究实践。更进一步地说，工具箱式的研究路径强化了关于认知、探知和存在的传统模式下的假定——它们强化了规范的本体论与认识论主张。因此，把方法论的讨论简化为从工具箱中掏出哪个工具的问题，会导致任何以社会正义之名进行探究的尝试走向失败。不存在关于尚未建立的变革时刻的愿景，不存在对尚未可知的未来的开放性态度。这样的话，在推动进步性社会变革的讨论中，我们在方法论界中对程序或技术的过分强调会不断地表现出不足。

这种简化路径的危险就在于此：从本体论和认识论的层面看，工具箱式的研究路径只能够重复关于认识和存在的规范性主张。并且，在重申这种规范化的世界观时，工具箱式的研究路径证实了批判学者寻求改变的不平等体系。在许多方面，佩姆（Peim，2009）关于"教育研究方法的危机"的论断表达了类似的观点：

> 可以说，教育研究存在方法危机，但肯定不存在方法上的短缺。手册、指南、研究培训项目比比皆是。各大出版社都大力出版教育研究者手册。人们不如去担心，所有这些方法的泛滥、所有这些方法的图像化和表格化最终都会使研究变得枯燥乏味、菜单化，缺乏创造力和远见。（p. 241）

研究方法类的文本的激增或许表明，教育研究作为一个技术领域，正在不断扩张。随着研究方法在技术上变得越来越精确——需要其应用与理解方面的专业技术知识的精进——这似乎在表明:越多越好。然而,技术前沿的拓展性进步又会造成什么样的损失呢？如果这种激动人心的方法扩展把其他更具社会参与性的关注点排挤出去了的话又会怎样呢？事实上,如果探究要在激活进步性社会变革中发挥作用,那么它将通过创造力与远见来实现,而这种创造力与远见被传统的工具箱式的研究路径否认了。

鉴于教材、手册比比皆是,所有的这些都涉及佩姆所称的"方法的图像化和表格化",我们有理由审视一下我们是如何走到这一步的,以及我们该如何另辟蹊径,这一路径始于探究实践本身的需求,其目的是激发新的关系性存在方式,也就是过一种截然不同的生活的可能性。作为方法论学者,我们仍旧有责任在探究和生活之间建立起紧密的联系——探究的问题必然涉及存在的问题。在研究争论中涉及本体论的问题会将探究牢牢地定位于政治领域。我们针对探究提出的假定关系重大。

正因如此,方法论学者自身和他们的方法论工作不能再回避有关认知与存在的更广泛的哲学和政治论证。富有挑战性的第一步是一种集体性的拒绝,拒绝由公正的技术专家创造的中立与客观的方法论实践的神话。重要的是,这一偏离中立理想的步骤(无论在方法论上还是在公开的政治实践中)绝不意味着同时转向对现实的相对主义主张——我的立场只允许我评论最为直接的文化情境。相反,致力于社会变革的批判性探究者必须援引一种关系性的参与性真相讲述实践,这在政治上是有风险的,在伦理上也是有责任的。简而言之,关系性的认识手段必然会驳斥相对主义的错误抨击(毕竟,如果我们总是处在关系之中,那么你的看法和实践总会影响我的看法和实践,哪怕是在纠缠不清的距离之外)。更进一步地说,关系性原则驳斥了客观距离的要求——我总是受到我所做出的分析的牵连,因此永远无法脱离其中的批判带来的重担。

在受政治影响的位置上进行定位与运作,不仅是一种有前景的行动主义学术实践,也是一种好的研究实践。正如库恩(Kuhn,2008)所写的那样,研究中的中立性是一种错误的理想:

> 任何研究活动的基础都是研究者关于"现实"的本质以及我们理解它的方式的基本假定。关于知识的看法、关于我们能够知道什么(本体论的问题)以及我们如何能去认识它(认识论的问题)的看法,长期以来一直是哲学反思的核心,指引着研究的进行。信念、价值观(价值论的问题)和愿望亦然。(p. 179)

鉴于此,方法论学者最好强调对特定"知识观念"的审视,这些知识观念出现于特定的社会历史情境,并使特定的方法论取向和公认的研究实践成为可能。事实上,批判性方法论学者的职责就是将这些假定以及促成的实践作为一个以田野为基础的调查领域。这些领域包含将方法论学者与技术官僚主义的规范性方法中层管理者区分开来的内容领域。这就将研究放置于历史情境之中,追溯赋予其常识性意义的特定规范。库恩接着写道,或许最有用的方法是"把研究看作由在社会层面上互动的个体开展的活动,他们运用各种参照框架以引导有意义的活动。在这种表述中,研究由话语构成并嵌入话语之中,从而形成了一种可识别的探究文化"(p. 179)。我想对库恩的论断做出如下补充:这种"由话语构成并嵌入话语之中"的活动是根植于物质情境之中的,具有非常真实的物质性后果。

鲁道夫(Rudolph,2014)对教育研究实践的审视有效地探讨了研究路径、假定的教育情境和教育实践之间的物质性密切关系。正如鲁道夫所指出的那样,过度依赖实验模型作为教育研究中的"黄金标准",不仅对方法论实践,而且对政策、教学法和课程的领域都造成了令人担忧的后果。用鲁道夫的话说:

> 如果我们相信,只有我们接受某些类似于物理学、医学或农学的实验模型的东西,教育才能进步,那么,为使这些模型在现实世界中发挥作用,我们需要约束我们的教育活动,使它们更加贴近我们用以生产知识的研究模型。换句话说,我们需要使自然运转的系统更像实验系统,这种改变可能需要简化自然学习环境。这或许涉及学习目标的标准化、教学计划的脚本化、个人和组织自主权的减少等。只有将实验室的条件拓展到我们试图改进的环境中,才能在该环境中生产知识的权力。(p.17)

不幸的是,许多教育者、管理者、学生和批判性探究者都可以证明,实验模式以多种方式映射到教育环境中,甚至以相当具有限定性的方式改变了教育环境。奇怪的是,方法论的规定要求教室更像"实验环境",这使技术官僚主义的研究程序得以强化并延伸。当"自然学习环境"被简化以满足实验研究的假定时,方法本身就变得更加复杂了。因此,我们的方法论实践所产生的后果,已经超出了我们的研究所制造出来的边界。事实上,方法论工作带来了一系列假定的逻辑形式。正如佩姆(Peim,2009)所写的那样:"任何教育研究都离不开——显性或隐性——对具体实践世界的思考，这些思考反过来又依赖于关于更广泛意义上的‘世界’本质的观念。"(p. 237) 这些关于我们知道什么、我们如何获取这些知识以及我们如何生活的论断，既影响着我们的研究发现，也影响着遭遇的研究事件本身。这是我们所处时代的关系性意义。据此，正如鲁道夫所指出的那样，这些源自提炼逻辑的研究行动会使现象本身"更像实验系统"，从而不必要地使本来具有动态性的关系陷入停滞。当然，与鲁道夫不同的是，我认为"自然"和"人工"情境之间隐含的区别并不大于人们在充满物质关系性或提炼性停滞现象上的坚持，这些现象分别采取唯物主义方法论立场或假设提炼逻辑。因此，我们需要参与建立在真相讲述的政治行动基础上的方法论，即作为直言的方法论实践。

正如佩姆（Peim, 2009）所主张的那样："方法的问题不仅仅是技艺的问题，它们也总是涉及形而上学的问题——换句话说，它们是关于事物如何存在之观念的问题。"(pp. 236-237) 我认为成问题的是将"方法的问题"与"技艺的问题"（如技术的问题、专业知识的问题和产物的问题）混为一谈，其代价是牺牲或者掩盖佩姆对形而上学的界定。也就是说，我们需要不断地认识到，塑造"研究的技艺"的尝试同时也是以不同的方式思考和开展探究的尝试，伴随着这种负载着权力的行动所延伸出的各种结果与可能性。

这是一项艰巨的任务：工具箱式的方法非常简单，详细地了解已知的和已体验的事物即可，其诱惑性就蕴藏在这种简化之中。工具箱式的取径封闭了批判的可能性，转而追求方法的确定性。通过对特定方法的强化，方法论身份得以凸显——方法论学者声称自己拥有专业知识的特权。因此，方法论工作被简单地归结为生产更好的工具并精炼使用这些工具的技术,用这些工具与我们当代治理理性相吻合(这是令人失望的)——我在整本书中都提出需要以社会正义之名对这种治理理性加以质询和改变。

　　鉴于当下的全球化新自由主义,从事超出技术之简化空间的批判性研究变得更加困难。正如戴维斯(Davies,2010)所指出的那样:"新自由主义建立在一个强有力的断言之上,即别无选择(there is no alternative),这使得批判变得多余。"(p.65)①因此,批判(福柯意义上的术语)的行动本身就是激进的,的确,它是对作为我们当下和未来时代的绝对价值观的新自由主义规范的挑战。有鉴于此,如果我们试图触发一些变革因素,就需要挑战我们现有的假定,即我们如何探知以及这种认知如何影响我们在身处的世界中行动。戴维斯指出,这是一场"与自己的斗争,与语言和日常实践的规范性力量的斗争。这是一场持续不断的斗争"(p.58)。②因此,从很多方面来看,这本书是我同自身做斗争的例证——我试图挑战自己对提炼逻辑的坚持,并相信批判性调查实践或许能为尚未认知、尚待生活的未来带来更多社会正义的可能性。批判使替代性选择成为可能。

　　因此,纵观全书,我试图呈现一些批判,这一过程为朝向社会正义的质性研究在原则、实践和方向上提供了崭新的可能性。这些批判始于对第2章概述的提炼逻辑的质询。提炼主义的逻辑在

①当然,英国首相玛格丽特·撒切尔(Margaret Thatcher)最常说"别无选择"这句话。在撒切尔的例子中,"别无选择"被用作一种修辞机制,为加强自由资本主义的改革辩护,而不是旨在彻底改变体制。新自由主义意识形态进一步巩固了"别无选择"的理想,认为对社会经济替代方案的建议是徒劳和天真的,也就是说,任何对社会更加公正的未来的希望都必须符合新自由主义的价值观。
②戴维斯在这里的主张呼应了第2章讨论的圣皮埃尔(St.Pierre,1997)关于我们需要从人本主义的"母语"中"解放自己"的主张。

一般意义上给探究带来了一系列的后果（假定认知和探知的稳固的、经验的线性发展、作为方法论的技术官僚的专业知识等），更具体地说，给社会正义工作带来了一系列的后果（认为可以通过技术的进步来衡量或推动变革，认为社会正义可以独立发生在个人层面上，认为研究者可以置身于其所试图研究的情境之外等）。对此，我提出了基于关系性唯物主义的假定，以及我在第3章概述的新唯物主义或批判唯物主义中关于现象中的存在和认知的当代主张。唯物主义原则反对提炼主义的逻辑，相反，它承认一种动态的关系性，这种关系性取代了笛卡尔式的切割，给出了意义制造的物质性和流动性呈现。这种向关系性物质性的转变需要更新设计好的调查实践，因为曾经以提炼逻辑为指导的方法论已不再有意义。此外，鉴于关系性物质性的本体-认识论假定，社会正义的探究目标本身就发生了转变。

从某种层面上讲，关系性物质性拒绝任何所谓的激进变革可以孤立地发生、远离或者脱离现象所体现的纠缠不清的关系的主张。在某种程度上，这种对关系性变革的唯物主义强调和威利斯（Willis，1977）的《学做工》（*Learning to Labor*）相一致，在这本书中，威利斯指出个体层面上的变革概念具有诱惑性：

> 对工人阶级个体而言，这个社会中的人员流动可能意味着什么。一些工人阶级的人确实"成功了"，任何特定的人都希望成为其中之一。然而，对于整个阶级或群体而言，这种流动毫无意义。在这一水平上，唯一真正的流动可能意味着整个阶级社会被摧毁。(p. 128)

重要的是,就像威利斯所指出的那样,个人主义变革方式的优先性会对日常实践产生影响,特别是在教育领域,"正是在以此为基本教学范式的学校中,个体成功所需的那些态度被认为在一般意义上是必要的"(p. 129)。通过这种方式,学校遵循这样一种个人主义逻辑,它假定管理者、教师和学生具有一致的价值观。因此,个人主义的逻辑与价值观同被假定的实践合谋,促使某些选定的学生成为成功者(遵循规范的个体)或失败者(背离规范的个体)。这是制度化的价值观和信念为日常实践提供信息或使之可见的手段。通过这种方式,人们可能会认识到选定的方法论价值观(这种价值观通过佩姆早先谴责的"枯燥乏味的菜单化研究"得以制度化)与选定的方法实践的对应关系。个体化的"有前景的研究实践"因此成为"一般意义上必要的"。当然,人们可以通过更直接地指出个人主义逻辑(在更近的时代,个人主义逻辑由新自由主义的过度资本主义性质所支持)切断了关系性情境来扩展威利斯的分析;正是经由这样的提炼情境,个体变得与众不同。作为回应,唯物主义者的解读指出了这种逻辑主张的固有矛盾——在从关系层面上考虑时,个人主义逻辑与提炼逻辑就会失效,一旦常识性的实践失去其逻辑的牵引力,这种逻辑就会失效。这使威利斯得以去揭示,教育系统如何为个人主义价值观(在本案例中指社会经济类别之间的流动性)赋予特权,使之成为必然会影响整个社会的假定价值观,从而创造一系列"合乎逻辑"的日常实践。结果同样是必然的矛盾:这种价值观(即流动性)只有在个人层面上才具有意义。将这一过程的尺度拓展至社会群体或阶级关系层面,就会发现集体/关系的流动在现有制度下是不可能发生的。由此可见,教育机构鼓励——有人可能会用灌输一词——固定于个体层面的观念的需要。

　　当然，将这种尺度上的矛盾转化为方法论工作或许是容易的。例如，后结构主义的理论取向承认一种诠释性逻辑，即从一个尺度（如个人意义建构的尺度）移向另一个尺度（如制度的话语构成），去认识后者如何影响前者——以及前者（实践）如何反过来为后者（制度）提供可信性或可见性。这就使福柯（Foucault, 1991）给出了他的著名论断：他的"分析目标"就是实践，"目的是把握使实践在特定时刻变得可接受的条件"（p. 75）。当然，"条件"超越了实际实践的直接性。从传统方法论的视角（因为它汲取了全球化新自由主义的价值观）来看，这种条件是过载的——它们无需在研究实践中被强调。同其他关系割裂开来的个人尺度倒向了一个限制性的方向。因此，从唯物主义的角度看，将两个不同的尺度分开（通常以技术特殊性为幌子），在方法论上具有限制性，而且在现象上显得过于简化。

　　此外，一种批判的或新唯物主义的探究取向可能会试图理解威利斯所指出的基于个体和基于阶级的流动性生产过程中的矛盾，这些矛盾使选定的认知与存在实践成了可能。也就是说，通过对这些矛盾的衍射性阅读，人们可以找到在个体和阶级关系的结合中发展起来的本体–认识论形态：如何通过对这些矛盾的不同解读使过去无法想象的全新的认知与存在方式成为可能？在这种情况下，社会正义项目呈现出具有生产性的新维度，一个在该过程之中进行内在发展和干预的维度。这种关系性物质性可能寻求对轻易性与常识进行解域（deterritorialize），努力识别现象中的能动行为——以前不可见的干预措施因坚持个人主义和/或提炼逻辑而引起的距离而受阻。

重要的是，进行衍射性阅读必然会排除对主体的任何先验主张——"我"不会出现在现象的内部活动关系之前。探究本身处在关系性自我的上演过程中，处在蕴含着社会正义希望的可能的生活与认知实践的生产过程中。因此，个体被生产——或者说被承认——为符合规范现状的主体。在对事件的特定解读/诠释中，主体得以形成。借用德勒兹的框架，进行衍射性阅读就是"插入"特定系统，其中矛盾在此体现并被解决——现象会出现在探究与物质性实践相联系的地方。没有不经检验的实践，正如没有脱离实践的检验。回到威利斯关于个体和群体的例子，主体在反复"插入"个人主义价值观和资本主义假定的过程中被建构为主体，流动性的概念因而在这种关系的情境时刻中单独表现出来。正是通过本体论（存在）、认识论（认知）、价值论（价值）以及唯物主义伦理学的结合——也就是内部行动，现象才得以发展成事件。因此，我们不能再仅仅依靠外部框架来形塑我们的理解；相反，我们需要发展关系性的探究手段，即以物质为基础的真相讲述的实践，从而开辟可能的未来。更进一步地讲，真相讲述的行动必然会打断规范性的功能——真相讲述就是排除规范性解释，从而在世界范围内进行在过去无法想象的行动。这是在批判性探究中对永远不断涌现的可能性的承诺。

将社会正义探究置于真相讲述的过程和实践中，为研究的生产和运作加入伦理的成分，这就进而提出了第4章所概述的直言的概念。同唯物主义取向一样，直言视角下的社会正义探究也强调通过关系性手段去认知、探知与存在。与新唯物主义或批判唯物主义导向一致，类似的直言探究始于认知、存在/生活和道德实践的崩塌——一种伦理-本体-认识论取向。这种分崩离析的关系性的一个重要因素源于对必要的关系性风险假定——探究者们需要承担关系本身的风险，这种关系定义了他们，并且赋予他们的行动可见性/合法性。在这种意义上，作为直言的探究需要探究者具有批判的自反性，因为他/她必须不断地发展出相对于多重和重叠的情境而言的真相，永远不能退回至认知的试探性，去拒绝坚定的真相主张（这是在拒绝真相讲述的风险）。以这种方式，直言者为真相讲述的伦理奉献精神所驱使。这一决心显然将直言置于政治领域之内，放弃了任何进行"中立"或"客观"研究实践的可能性。

有鉴于此，我们便承担了唯物主义探究取径所暗示的某种方法论责任，那么该如何重新思考承担方法论风险的含义呢？我在文本中始终关注这个问题，并针对"方法论责任意味着什么"提出了自己的观点：我们在第2章中可以看到，方法论责任是一种程序责任。在这里，方法论学者负责制订"适当"的方法程序。这就把方法论学者定义成了技术官僚。第3章介绍了关系式的认知路径，就这点而论，方法论学者必须揭示我们用以建构意义的关系，这是方法论学者作为负责任的唯物主义者的起点。最后，第4章提出，方法论学者是唯物主义真相讲述者。这位方法论学者必然要为他/她自身、他/她的关系承担风险，所有的这些都是为了以社会正义或者进步性社会变革之名认识真相（或者说使真相可见）。

对当代理论工作的一种常见批评是，它未能通过规则的检验。那些重视提炼主义立场的学者指出，后结构主义理论无法为接下来的步骤提供蓝图。重要的是，福柯（Foucault, 1991）谈及这一问题时指出，在政治意义上批判这一重要行动抵抗了"改革的必然性"。

在任何情况下,我们都不应该理会有些人的告诫:"不要批判,因为你们没有能力发起变革。"那是内阁部长的言论。批判不一定是演绎的前提,这种演绎的结论是:这就是我们需要做的。批判应该是那些斗争者、反抗者和拒绝现状者的工具。批判应该被用于冲突和对抗中、被用于反抗的文章中。它无需为了规则而制订规则。它不是程序的一个阶段。它是对现状的直接挑战。(p. 84)

因此,本书就是我自己的"反抗的文章"。我想去相信,拒绝提炼主义特权的方法论工作是可能的。就这点而言,我不是在为唯物主义方法论的实施提供具体的方法步骤,而是提供一种批判性的取向,这种取向会对我们当代采取负责任的行动——也就是承担方法论风险——产生有力的影响。

从直言的角度看待真相讲述的问题,首先,我们必须考虑我们使我们可见的关系本身:是什么让我在方法论界中占有一席之地?然后,我们会阐明危及这种关系或者身份的真相。重要的是,人们在这么做的时候并不完全清楚这种打断的行动可能会带来什么,也不知道这种打断性模式可能会形成什么样的新关系。这样一来,我们必须冒着风险,致力于社会正义与激进变革。这是一项有风险的工作。然而,如今被冠以"批判"之名的东西却几乎没有伴随任何风险。事实上,保持距离的批判立场实际上可能是在所有立场中最安全的。这是因为很多宣称"批判"的学术作品都是通过在批判者与被批判者之间保持距离来做到这一点的。因此,在这种距离的条件下,批判者没有面临任何风险。我认为,其中一部分原因是对权力和差异的消极看法依然存在,这一点使人为的批判距离变得合理化。

问题化探究

尽管这一点看似显而易见（尤其是考虑到学术界对福柯作品的广泛引用），但是认识到权力概念的独特转变仍然很重要，这一转变源自福柯的理论，并且与本书所做的工作相关联。从概念上讲，我从第2章的后半部分到本章都在假定这一转变，这为我对提炼逻辑的批判提供了依据，并且推动了我对社会变革的信念。当代对权力的理解强调其生产能力，而不是将其视为压制性的——如限制或者降低能力。正如福柯（Foucault，1995）所写的那样：

> 我们不应再从消极方面来描述权力的影响：把它说成是"排斥""压制""审查""分离""掩饰""隐瞒"。实际上，权力有生产能力；它生产现实；生产客体的领域和真相的仪式。个体以及从他身上获得的知识都属于这种生产。（p. 194）

就这一观念以及本章的阐述而言，我对权力的生产性可能性最感兴趣，这反过来可能会影响当代方法论责任的概念——权力使选定的现实、真相讲述、身份认同和探究实践成为可能的多种方式，以及影响这些方式的理性。此外，以这种方式思考权力使我的批判性诠释较少关注产物（历史性权力关系所产生的现实、真相讲述、身份认同和探究实践），而更多地关注这些实体的形成——它们是如何在特定的历史情境和环境中形成的。如何，而非什么，是我批判的焦点。[1]

这种对如何的强调与本书理论框架的几个关键要素相一致:关系性与过程性分析,对作为社会批判切入点的社会实践的前瞻性审查,对社会批判的唯物主义基础的坚持。这里的坚定信念是:具有生产性的社会变革伴随着对认知和存在的新理解而发生——通过不同的认知方式,我们同时也会变得不同。这种社会变革的可能性的关键是坚定地从相对主义转向更深植于政治的探究实践。

作为实现这一切的一种手段,将权力的生产性概念扩展到其关系性能力上仍然很重要。权力并不仅仅是另一种商品——一些人拥有的事物——而是从个体、群体、结构和制度的相互关系中被生产出来的。如巴亭(Butin,2001)所写的那样:"权力不是被一些个体——如君主或警察——拥有,而其他人没有的东西。相反,权力植根于个体和群体的关系中。"(p. 168) 重要的是,这种对权力的概念化强调其物质影响和生产。从这个意义上说,权力关系不是简单地通过分析发展起来的某种抽象形式;相反,权力关系是通过物质行动和实践与其他物质行动和实践相结合而被识别的——它们是通过物质关系变得可见的。因此,那些从物质环境中提炼生活经验和实践的分析——也就是说,那些以提炼逻辑进行的分析——必然拒绝了在对生活物质情境的否定中进行抵抗的可

[1]在一次聚焦于福柯探究方法的访谈中,福柯在"分析什么"和"如何分析"之间做出了类似的区分。至于他自己的工作,福柯(Foucault,1991)指出:"我不想去问在特定时期的理智或精神错乱是什么,精神疾病或正常行为是什么,而是想问这些区分是如何可能的。在我看来,这似乎是一种可行的方法,我不会说它能带来最大可能的启发性,但它至少能带来一种富有成效的可理解性。"(p.74) 因此,我认为关于我们如何做出方法论选择的讨论最有价值,即更好地了解这些实践的内涵以及它们为什么如此容易被采用。

能性。

在探究实践中重新注入批判的物质性，方法论的物质性是通过对政治参与的真相讲述的伦理承诺来维持的。就像吉鲁（Giroux，2014）呼吁批判性教育工作者去干预"工具理性的死区"一样（p. 46），我要求批判性探究者将他们的工作和方法论实践与以社会正义的名义进行政治变革的持续想象相结合。诚然，这涉及对现在进行持续的批判（当前的实践和对其产生影响的逻辑），同时保持对未来可能性（尚不存在的生活实践）的乌托邦愿景。通过这种方式，我们可以"将批判性与对现状的极度不耐烦联系起来，并将人类能动性与对社会责任感和政治可能性的理解联系起来"（Giroux，2014，p. 46）。通过作为一种直言实践的唯物主义方法论，我们可能会将集体的"对现状的不耐烦"与一种不断浮现的"社会责任感和政治可能性"相融合。通过这种具有生产性的批判行动的组合，社会变革再次显现。就像那些试图通过激进教育来推动社会变革的批判教育家一样，唯物主义方法论学者看到了通过参与探究活动来改变我们的认知、行动和生成的可能性。这是一种违背准则的仍在进行中的政治探究。拒绝了传统方法论取向的虚伪性，唯物主义方法论学者通过一种有关关系性认知的政治参与过程来拥抱讲述真相的直言愿景。以这种方式，唯物主义方法论实践与提炼主义方法的压制性取向背道而驰。与此同时，唯物主义方法论批判性地对新自由主义和全球化的认知和存在过程中固有的价值观进行干预。所以，这是最重要的政治工作。

方法论行动主义

根据定义,行动主义需要一种关系性与联系性的立场。行动主义不能孤立地发生,从关系中被分离或被提炼出来。因此,提炼逻辑很容易使行动主义所需的关系性思维受到阻碍或无法使用,因为提炼逻辑没有行动性实践的空间。马西诺·斯维尔斯基(Svirsky, 2010)在描述他所说的行动主义的问题(activist problematic)时,寻求了一种行动主义的定义,该定义与简单地参与地区性斗争无关,而是从"一个开放的过程"中汲取意义,"强调调查在实践方面的作用"(p. 163)。正在进行的过程和对实践的调查之间的这种关联对我自己有关行动主义、方法论责任和社会变革探究的概念化仍然很重要。重要的是,对斯维尔斯基来说,行动主义必须将思想和行动结合在一起,并"存在于其寻求改变的概念中"(p. 166)。请注意这里的一句我们耳熟能详的话:在"内部"行动,而非在"外部"行动——这是批判唯物主义者和行动者的直言探究所共有的视角。那么,考虑到与方法论的具体关系,我们必须将行动主义理解为探究的一个组成部分。在概念意义上,探究必然涉及行动者的意图。这种意图在很大程度上源于对另一种可能性的确信,即不再封闭由现在所确定的未来。

为了相信行动主义工作的可能性,人们必须相信未来的开放性——未来的事情永远不能简化为现在。正如夏普(Sharpe, 2014)所指出的那样,未来总是对存在的其他形式保持"构成性开放"(p. 35)。同样,我们对过去的批判性解读不需要排除尚未显现的其他可能性。因此,将某个事物历史化就是将其定位为一个思考对象,尽管它不会被未来的变化、突发事件或可能性所封闭。然而,传统的探究实践和过程本身就拥有多种方式来支配我们对未来可能性的假定,在过去、现在和未来之间建立了一种确定的联系。

如福柯(Fouca,1991)所断言的那样,治理需要管理现有的(当前的现实),以实现尚未实现的(未来的现实)。同样,正如辛普森(Simpson,2012)所指出的那样:"一个人既受现实的支配,也受未来的支配。"(p. 114)当然,关于"是什么"和"可能是什么"的断言同时借鉴了过去的阐述(明显的"是什么")。正如我在本书各章中所展示的那样,在未来和过去的崩塌中,探究实践与现在紧密缠绕在一起。因此,批判只能通过深入理解既定现实(它是如何形成或成为可能的,诸如此类),同时拒绝相信这样的现实必然会延伸到未来来进行。这是批判性行动者的工作。

因此,当直言者讲述真相时,这是一种当下的真相,一种对事物如其所是的开放式信念,其意图在于:这样的讲述可能会打开未知的——甚至是无法识别的——未来的可能性。通过这种方式,直言行动干预了未来的封闭性——将可能的东西与现在的东西简单地混为一谈。这一真相讲述的行动可能会开始考虑邓津和吉尔丁纳(Denzin and Giardina,2010)的挑衅性问题:"在对社会正义的需求空前高涨的历史当下,批判性质性研究的作用是什么?"(p. 15)为了回答他们的问题,作者指出了以社会正义为导向的干预的必要性:"作为全球公民,我们不再被要求仅仅诠释世界,这是传统质性探究的任务。今天,我们被要求去改变世界,并通过抵制不公正的方式来改变世界,同时庆祝自由和具有充分性、包容性和参与性的民主。"(p. 17)为了做到这一点,随着社会正义朝着可能的未来发展,我们可能会发现发展基于共同体的批判性探究能力的价值。

那么,这将如何影响当代方法论共同体的形成呢? 正如本书所指出的,方法论专业知识越发成为一种技术资质,即参与和管理一系列日益专业化的技术的能力。因此,人们可能会将方法论的技术官僚化(从探究到研究)的含义视为对规定边界的反复封闭——确定哪些行为和实践仍在内部,哪些行为和实践被置于外部边缘。这种行动产生了共同体和限定的身份认同("作为"方法论学者意味着什么),它们与定义方法论工作的技术(如录音机或软件包)一样具有限定性与边界性。

根据福柯(Foucault, 1991)对共同体的界定,共同体形成于有关程序和自我特定实践的必要规则,我认为方法论共同体越发取决于对传统程序模式和理性以及方法技术伦理的遵循。绕过规则,一个人可能会失去共同体成员的资格。当然,共同体本身可能会不复存在,尤其是在方法论学界,因为方法论学者的作用被不断淡化为技术熟练性,方法论学者本身在其他以内容为重点的专业领域中位于次要地位。

作为批判性学者,我们对"动摇权力,扰乱共识,挑战常识"(Giroux, 2014, p. 52)负有伦理责任。正如吉鲁继续声称的那样:"抵抗不再是一种选择,而是一种必要"(p. 57)。根据当代对关系性存在和认知的理论化,柏顿(Patton, 2010)将行动主义知识分子置于他所参与和/或批评的情境中:知识分子"在知识形式出现或未出现的话语秩序之内工作,并与这种话语秩序相抗衡。此外,[知识分子的作用]包括与权力形式作斗争,他或她在其中既是客体又是工具"(p. 86)。请注意,在这种情况下,这里拒绝将知识分子与知识分子所批判的事物分离。知识分子既是批判者,又是使批判成为可能的再书写(reinscription)的工具——并且其是由需要批判的事物产生的。为了做到这一点，我们方法论学者需要参与并不令人舒适的伦理实践。

作为挑战教育研究者舒适区的一种手段，西蒙斯、马萨诸林和夸赫波尔(Simons, Masschelein and Quaghebeur, 2005)主张实验性的"实践和态度，它与'合法化'无关……与定义或捍卫'立场'无关，而是与'经验'有关，与字面意义上的'正发生在我们身上的事情'的经验有关"(p. 827)。这可能被解读为确定性的风险行为，因为批判性方法论学者必须拒绝权威地位(传统上是通过专家发展和使用标准化技术而建立的)，而支持更不确定的关系性变化位置："这是一种置换视野的邀请。"(p. 829) 这是一种关系定位——与自己、现在和社会世界——存在于认识论的层面之外，但位于一种新的方法论责任的伦理立场之中。因此，这种直言的风险涉及在更大的共同体中放弃自己的既定地位与身份的开放性："放弃自己的地位并从事令人不适的实践的勇气。"(p. 829) 这就是对直言实践至关重要的生产性风险——作为行动性工作的唯物主义方法论。

从德勒兹的框架来看，行动主义的做法必然会去解域，使新的联系成为可能，构成新的领域(Svirsky, 2010)。从这个意义上说，行动主义可以将以前稳定的(和规范性复制的)系统轻轻推向不平衡的状态，从而干预未来的逻辑生产。这就是行动主义的干预性特征，一种被斯维尔斯基(Svirkey, 2010)称为"超活跃"的打断性逻辑："行动主义逻辑……首先……[导致]系统的差异性变化。其次……它通过使每个物体穿过不同的平面来予以评估，以获得对它的批判性评价；同时，它将自己从社会系统强加给我们的习惯性认知区域中解放出来。"(p. 169)尽管可能没有被注意到,但斯维尔斯基对使分析对象"穿过不同的平面"的强调指出了衍射性阅读的力量——关注到从多种诠释性尝试中涌现的矛盾和差异类型的批判性分析。从这个意义上说,支撑行动者实践的逻辑对规范逻辑的形成而言是同时具有批判性与打断性的,规范逻辑是那些在历史意义上不断再生产的思维方式(认识论假定),这些思维方式经常会影响我们的研究实践。

唯物主义者(无论他们是新马克思主义者还是批判马克思主义者)之间仍存在着重要关联,正如我在这本书中所阐述的那样,这对行动者的探究实践具有启示意义。唯物主义者持续关注生活与存在的日常实践。通过这种方式,我通过这本书将我对唯物主义的概述与我对提炼逻辑的批判联系在一起。这种对日常的批判支撑了我对直言的研究,当然,也为它带来了特定的方法论形式与可能性。此外,日常的关系性实践的概念将福柯有关权力与主体化的概念与新唯物主义关于认知和存在的"能动性切割"的主张联系起来。

福柯对主体化过程的理解与内部行动性(intra-active)的考量相一致:事情不是对个人做的,而是与他们一起做的(Butin, 2001)。向内部行动的转变,作为对个体的生产性塑造,为能动性与抵抗创造了新的可能性,尽管这最初可能被视为对权力和能动性的误解(当然,我们可能希望看到个体受到负载着权力的环境或情境的影响)。这仍然是我们如何与研究参与者互动的一个重要因素。在这里,想想(重新)将个体呈现为对他们采取行动而不是与他们一起行动的后果:这些参与者成为封闭的主体,处于他们所处的世界(影响他们的世界)之外,不可能自反性地参与塑造/定义他们的环境。因此，我们如何理解探究——它是什么，它可能是什么——就成了一种伦理思考。从福柯的角度来看，一个参与性的伦理概念超越了简单选择价值观或规则的集合，走向了一种关系性——一个人如何与自己联系——这需要对自己进行研究（Simons, Masschelein and Quaghebeur, 2005）。在这个意义上，对自我的照顾需要自己去解释自己，关注使自身被认知或使自身可见的关系本身。重要的是，解释自己和自己的关系性，是一种深刻的伦理工作——也就是去质疑赋予我们意义的物质关系（并因此承担风险）。更进一步地说，正是通过参与性的伦理立场，人们可能会找到与现状对抗的路径。正如李斯克（Leask, 2011）所声称的那样：“伦理……可以为广泛的统治制度提供抵抗或抵抗元素。”（p. 8）从这个意义上说，正是通过伦理思考，我们才能学会反其道而行之，去抵制治理结构的规范特性。

要做什么？

学生和同事耐心地听完我的方法论分析后，一次又一次地提出这样的问题：现在怎么办？鉴于到目前为止所进行的批判，我们该怎么办呢？在这个全球化新自由主义的时代，一个人该如何进行探究（我们必须认识到，一个人无法跳出新自由主义的情境而采取任性的退却立场）？我们该如何有效地参与方法论工作，从而与激活社会变革某些要素的方法论责任的行动愿景保持一致？简而言之，做一名负责任的方法论学者意味着什么？这些问题很重要，也很难回答。我试图通过倡导批判性方法论共同体来考虑这些问题，该共同体以社会变革的名义遵循特定的行动主义原则，从而进行批判性探究。

在这些原则中,最重要的是决心将我们对提炼逻辑的排斥定位为对社会现状的决绝的道德拒绝。正如本书早些时候所指出的那样,伦理考量往往对标方法论程序,因此,在阐明某些研究程序后才会被援引。也就是说,伦理问题经常被简化为研究实施(implementation)的问题。作为致力于社会正义的唯物主义方法论学者,我们的道德问题优先于伦理程序和/或实施问题。因此,我们需要认识到,我们关于探究的主张必然在道德、存在和探知的三重要素中交织。这种认识必然会改变方法论工作的日常实践,即使它澄清了在当代情境下对方法论负责意味着什么的问题。将道德责任感带到我们的方法论工作中会改变我们的实践:"当方法和责任发生冲突时,方法就会粉碎。"(Stronach,2010,p.165)

首先,我想再次回到坚持集体拒绝相对主义这种有损道德的立场上来。后现代和后结构主义分析并不会不可避免地导致政治瘫痪,也就是除了地方性评论之外,它们拒绝任何评论。因此,我们可能会要求探究项目做到公然政治化,对必要的社会变革采取强硬的立场。这个立场肯定始于一个假定的不确定性的本体–认识论。尽管当代社会理论的批评者可能会声称道德定位的丧失与不确定性密切相关,但我遵循伊恩·斯扎纳奇(Stronach,2010)的说法,他声称:"只有在不确定性中,正义等价值观才能实现。"(p.191)不确定性或规定性的暂定性不需要最终导向空洞的伦理或道德立场。相反,从一个不确定的地方开始,假定社会最终会失败,而正是在这种失败中,变革才可能发生。因此,我们的唯物主义方法论共同体必须从社会变革的必要性断言开始,这是一种始于不确定性立场的具有生产性的行动主义伦理学。

从不确定的位置开始，要求我们的方法论工作是被施行的或具有施为性的（用邓津［Denzin，2003］的话来说），而不是对一些现实的表征。表征总是不可避免地达不到要求，从来没有完全覆盖或解释它们声称要表征的事物，并且，其源于一种确定性的认知理论假定，这种假定与唯物主义的行动主义方法论立场背道而驰。因此，我们的批判方法论共同体是一个施为性的参与共同体，在局地和宏观层面上不断重新诠释、重新考虑、修正和重新阐述对所需变革的主张。在这种施为性参与中，存在着从问责问题到参与性伦理审议的转变。正如斯托纳奇所写的那样："在未被开发之地，由于现在的事物是不可计数的、野蛮生长的，一个重新定义的世界必须由伦理而非责任（accountability）来管理。"（p. 169）因此，在许多方面，我们的施为性探究立场必然是"由伦理来治理"的：一种走向必要变革的开放式伦理，拒绝将过去的事物再造为现在的事物。

在很多方面，这意味着负责任的方法论学者必须与当代情境成果与认知主张背道而驰——我们必然指向不确定性，并身处新自由主义情境之中，在这种情境中，大多数价值观是确定的、可计数的发现。因此，我们必须提供施为性机制来阐明我们的分析，这是一种既能开放又能封闭结论的机制。这可以看作是我们向读者和彼此发出的邀请。回想一下，莱泽（Lather，2007）和斯托纳奇（Stronach，2010）也都希望读者积极参与他们的文本，参与意义的生产。这是作为关系性事件的阅读/写作。这种对话性参与和社会变革实践类型所需的民主行动非常一致，通过这种社会实践，行动主义得以施行。

正如我们可以断言需要参与性的方法论学者一样——那些反

对将方法论学者作为技术官僚的简化定位的人——我们同样需要
为那些阅读我们作品的参与性读者、我们工作的共同体中的参与
性成员，以及更广泛意义上的参与性公民提供开放空间。这再次
唤起了一种方法论工作的概念，将其作为一种可能性的开放，而不
是对局限性意义的固定。这样做，是要认真对待从唯物主义取向
延伸出来的关系意义建构。简言之，也许我们有责任参与对世界
产生有力影响的方法论工作，我们自己也愿意被工作本身所影响
和改变。要做到这一点，我们可能需要重新思考作为参与批判性
方法论共同体的批判性同仁意味着什么。

　　当然，我们如何通过关系性介入的唯物主义方法论工作有效
地去实现新的方法论责任感并不是全新的主张。然而，我认为，
这是一种有用的机制，将唯物主义方法论学者的角色定位为一个
在冒险的真相讲述实践中安身立命的人。根据布莱恩·洛德
（Lord，1994）关于在K–12领域的教师中建立"批判性同仁"关系的
必要性的断言，我们也可以"通过自我反思、集体对话与批判"去
生产"生产性的失衡"（productive disequilibrium）（p. 192），以寻求
类似的共同体。在这里，我想从字面上理解洛德所说的"生产性
的失衡"：我们需要鼓励彼此放弃我们在认知和存在中的习得的
取向，不再依赖提炼逻辑，将其作为一种简化清晰度的途径。在
某些方面，这能有效抑制我们习得的社会本体感——我们对社会
物质性定位的心照不宣的理解。在这样做的过程中，我们所提出
的共同问题可能会发生改变："研究发现"的问题可能会被转换成
我们如何"去主张"的思考；"我们知道什么"的断言被"探知"的另
类方式所挑战；"专业知识"的展示被关系性公民的问题所规避。
然而，在这一唯物主义过程中，不变的是针对这些相互纠缠的时

刻"讲述真相"的决心，我们认为真相讲述具有试探性、生产性的力量。当然，支撑这一切的，是一种充满活力的行动主义，一种不同于已有方式的生活决心，以及一种对当今更加公正的社会环境的集体希望。

实际上，这始于方法论的转变，从"有关是什么的问题"到"有关如何做的探寻"（出自福柯）。长期以来，将物质实践与关于认知和存在的历史假定协调一致一直都是批判主义学者的一项有用的练习。事实上，将实践历史化是揭开其在当代情境下的常识性地位面纱的第一步。然而，我们往往没有选择进行批判性转变，也就是去揭开实践与假定的神秘面纱，再到去废除它们，使它们在面对新的关于真相的关系性主张时无法被不加批判地实施。在探究的实践中，这就是使方法论"结巴"的策略，也是我写作本书的初衷。

同理，我们可以借鉴批判唯物主义者或新唯物主义者对方法论现象的衍射性阅读的强调。正如前文所述，衍射性阅读强调对意义的实验性甚至嬉戏性取向——对不同的意义模式以及在探知的不同关系性方式下认知何以变化的考察。这种视角所蕴含的实践是"将'自己'置于危险之中"（Barad, 2012, p. 77）：我们"自身"不可避免地陷入了物质关系的纠缠模式中，改变这种关系就必然改变我们自己。对现象进行衍射性阅读无疑是反对综合，反对为了尚待确定和尚未知晓的事物去限定意义的工作。衍射性阅读带来的关系开放性转变了责任的概念，不再试图将行动或观点视为自己的（错误地断言某事或某人是"我的责任"），而是鼓励向关系性他者开放责任的概念（Barad, 2012）。因此，责任是一种集体性的、永远不会完全完整的系列关系。我们不能只是嘴上要求承担责任,我们必须关系性地履行责任。通过这一负责任的做法,我们或许不会像现在这样走向既定的正义,而是像芭拉德(Barad,2012)阐述的那样,这体现了一种关于"即将到来的正义问题"(p.81)的动机。

最后,回顾福柯所认识到的直言式真相讲述与民主的共生关系。没有直言,激进的民主就不可能存在。此外,民主本身也因过度依赖修辞(真相讲述的表象)而受到阻碍。因此,直言——将探究作为一种颠覆性的真相讲述行动——是一种激进的民主行为,延伸自我们作为民主公民的义务。由于我们(在各自的学科、学术共同体、当地社区等)的公民身份,我们有权利、有义务讲述真相,参与直言。因此,福柯(Foucault,2015)指出,真相讲述"总是与实践联系在一起"(p.230),通过对规范性思维的批判,真相讲述在本质上是积极的。通过这种民主公民身份、责任和真相讲述之间的密切关系,直言唤起了一种方法论责任,这种责任对参与性行动主义提出了要求,其必须是施为性的。通过施为,直言总是涉及关系性:"直言总是涉及两个术语的操作;直言发生在两个搭档之间。"(p.240)更进一步地说,正是通过真相讲述这一关系性行动,直言者会向他/她自己开放存在与认知的新方式,批判传统的探知方式。更简单地说,"我被我所说的真相所牵涉"(p.247)。因此,直言是一种具有生产性的真相讲述,通过批判性的参与,它使未知的未来成为可能。

结论:方法论工作和伦理参与

最后,我想讨论一下伦理问题——分别被提炼主义和唯物主义方法论暗示并牵涉——以及在当代进行探究的情感因素的思考。首先,我想根据德勒兹的内部性伦理(ethics of immanence)框架来思考方法论责任和风险,这是一种直接的关系性定位,拒绝根据超越当前情境的外部环境或道德决定来考虑伦理。值得注意的是,当下的情境伦理学显然没有提供相对论的伦理学定位(我在前几章中批判这一定位不够充分且过于简单):唯物主义方法论伦理学必然是由关系性——而非相对论——的定位来驱动的。

正如史密斯(Smith,2007)所指出的那样,迫在眉睫的伦理定位强调由即刻情境提供的存在模式:"与其通过诉诸超然或普遍的价值观来'判断'行动与思想,不如通过确定作为其原则的存在方式来'评估'它们。"(p. 67)通过这种方式,伦理评估就可以根据实施过程中的可能性来理解。那么,我们可能会对一些关系与理解保持批判态度,它们将我们从行动的能力上拉开,从而使我们脱离我们赖以生存的关系。这是从内部性伦理延伸出来的评估性参与。

这种伦理评估蕴含着对外部提炼式框架的带有道德主张的批判式参与。外部道德定位源于"做不可能之事的要求"或"上升到无穷大的无能概念"(Smith,2007,p. 68)。提炼主义伦理总是要求我们超越我们眼前的时刻。在方法论工作的基础情境中,我们可能会思考要求我们宣称绝对伦理立场的方式(例如,创造可识别和可解释的主体),而不可避免的是,这些立场都是有缺陷的。也许是因为我们永远无法完全满足提炼主义的伦理要求,所以我们发展了一系列方法论制度和机构,如伦理审查委员会、伦理实践清单、成员检查等做法,以代替伦理审议。这就是邓津(Denzin,2010)所说的"死胡同里的伦理"(p. 74)。重要的是,由于这些机构和制度位于直接的方法论实践之外,它们无法预测每一种伦理情境。通过这种方式,提炼主义伦理的作用是将我们与我们在关系时刻(即刻)行动的能力分离开来。

史密斯(Smith,2007)指出:"自由只适用于特定的行为"(p. 73)——因此人们可以去询问哪些行为不必面对自由的问题——也许重要的是去注意,方法论的责任和风险只适用于特定的方法论行动。反过来,我们可能会问:哪些方法论行动没有面临责任和风险的问题? 在提炼逻辑中,存在着许多实践,这些实践在实施过程中不需要进行伦理审议,它们可以通过规范定位来逃避责任和风险的问题。唯物主义方法论通过将这些实践置于一系列直接关系中(在其内在生产过程中),来将其问题化。

最终,对作为直言的探究的承诺是一个伦理决定:严肃对待唯物主义固有的关系性指控。根据直言的取向讲述真相不可避免地具有政治性,其认识到对认知、生活和存在的假定实践质疑是有风险的。如果方法论学者不仅仅是技术官僚式的中层管理者,如果我们要参与可能的社会变革,我们就需要拒绝那些使我们可见的提炼主义理性和技术。正如斯托纳奇(Stronach,2010)所指出的那样:"在一个疯狂的世界里保持理智是很疯狂的。"(p. 178) 关系性存在的当代形式——在新唯物主义或批判唯物主义中发展起来——为直言的方法论实践提供了必要的涌现情境。因此,我们正处于负责任地讲述真相的时代,处于开放尚未发生的事情的可能性的时代。正如邓津(Denzin,2010)所断言的那样,我们不再处于停留在中立话语的时代:

　　质性研究不再是学习一套中立的方法论工具。探究被转化为道德话语，一种生活在世界上的方式，一种将探究者与世界上的压迫和痛苦联系起来的方式。这意味着质性研究者必须学习一门新的语言，一种进行批判性探究的新路径。

曾经被推崇为无偏、中立的方法论实践的黄金标准现在"被转变为道德话语"，这是一种有伦理倾向和道德感的行动主义参与感。事实上，这是一种新的方法论语言，一种在冒险的真相讲述中具有生产性的语言。的确，为了走向更加社会正义的未来，我们重新肩负起了讲述真相的责任。唯物主义方法论工作就是一种直言实践。

参考文献

Apple, Michael. 2005. *Educating the "Right" Way: Markets, Standards, God, and Inequality.* New York: Routledge.

Althusser, Louis. 2014. *On the Reproduction of Capitalism: Ideology and Ideological State Apparatuses.* Translated by G. M., Goshgarian. New York: London.

Baez, Benjamin. 2014. *Technologies of Government: Politics and Power in the "Information Age."* Charlotte, NC: Information Age.

Barad, Karen. 2003. "Posthumanist Performatiyity: Toward an Understanding of How Matter Comes to Matter." *Signs: Journal of Women in Culture and Society* 28 (3):801-31.

——2007. *Meeting the Universe Halfway: Quantum Physics and the Entanglement of Matter and Meaning.* Durham, NC: Duke University Press.

——2012."Intra-actions." By Adam Kleinmann. *Mousse* 34: 76-81.

Bennett, Jane. 2010. *Vibrant Matter: A Political Ecology of Things.* Durham, NC: Duke University Press.

Braidotti, Rosi. 2002. *Metamorphoses: Towards a Materialist Theory of Becoming.* Malden, MA: Blackwell Publishers.

Brinkmann, Svend. 2011."Interviewing and the Production of the Conversational Self." In *Qualitative Inquiry and Global Crises*, edited by Norman Denzin and Michael Giardina,56-75.Walnut Creek, CA: Left Coast Press.

Buchanan, Ian. 2014. "Welcome Speech." Keynote address at the Deleuze Studies Conference, Istanbul, Turkey, July 14,2014.

Butin, Dan. 2001. "If This is Resistance, I Would Hate to See Domination: Retrieving Foucault's Notion of Resistance within Educational Research." *Educational Studies* 32(2): 157-76.

Canguihem, Georges. 1991. *The Normal and the Pathological.* Translated by Carolyn Fawcett. New York: Zone Books.

Cannella, Gaile, and Yvonna Lincoln. 2004. "Dangerous Discourses, II ." *Qualitative Inguiry* 10(3):165-74.

Certeau, Michael de. 2011, *The Practice of Everyday Life.* Translated by Steven Rendall Berkley: University of California Press.

Cole, David. 2011. "Matter in Motion: The Educational Materialism of Gilles Deleuze." *Educational Philosophy and Theory* 44: 3-17.

Coole, Diana, and Samantha Frost. 2010. "Introducing the New Materialisms." In *New Materialisms: Ontology, Agency, and Politics,* edited by Diana Coole and Samantha Frost, 1-46, Durham, NC: Duke University Press.

Creswell, John. 2012. *Qualitative Inquiry and Research Design: Choosing Among Five Approaches.* Thousand Oaks, CA: Sage Publications.

Davies, Bronwyn. 2010. "The Implications for Qualitative Research Methodology of the Struggle Between the Individualised Subject of Phenomenology and the Emergent Multiplicities of the Poststructuralist Subject: The Problem of Agency." *Reconceptualizing Educational Research Methodology* 1(1):54-68.

Deleuze, Gilles. 1990. *The Logic of Sense.* Translated by Mark Lester. New York: Columbia University Press.

——1995. *Difference and Repetition.* Translated by Paul Patton, New York: Columbia University Press.

——1995. "Postscript on Control Societies." In *Negotiations, 1972-1990,*177-81. Translated by Martin Joughin. New York: Columbia University Press.

Deleuze, Gilles, and Félix Guattari. 1972. *Anti - Œdipus,* Translated by Robert Hurley, Mark Seem, and Helen Lane. London and New York: Continuum.

——1988. *A Thousand Plateaus: Capitalism and Schizophrenia.* Translated by Brian Massumi. Minneapolis: University of Minnesota Press.

DeMartino, George. 2013. "Ethical Engagement in a World Beyond Our Control." *Rethinking Marxism* 25(4):483-500.

Denzin, Norman. 2003. *Performance Ethnography: Critical Pedagogy and the Politics of Culture*. Thousand Oaks, CA: Sage Publications.

——2010. *The Qualitative Manifesto: A Call to Arms*. Walnut Creek, CA: Left Coast Press.

Denzin, Norman, and Michael Giardina. 2010. "Introduction." In *Qualitative Inquiry and Human Rights*, edited by Norman Denzin and Michael Giardina, 13-41.Walnut Creek, CA: Left Coast Press.

——2014. "Introduction." In *Qualitative Inquiry Outside the Academy*, edited by Norman Denzin and Michael Giardina, 9-31. Walnut Creek, CA: Left Coast Press.

Derrida, Jacques. 1983. "The Principle of Reason: The University in the Eyes of its Pupils." *Diacritics* 13(3):2-20.

Desjarlais, Robert. 1997. *Shelter Blues: Sanity and Selfhood Among the Homeless*, Philadelphia: University of Pennsylvania Press.

Foucault, M. 1983. "On the Genealogy of Ethics: An Overview of Work in Progress." In *Michel Foucault: Beyond Structuralism and Hermeneutics*, edited by Hubert Dreyfus and Paul Rabinow, 231-32.Chicago: University of Chicago Press.

——1991."Questions of Method." In *The Foucault Efect: Studies in Governmentality*, edited by Graham Burchell, Colin Gordon, and Peter Miller, 73-86. Chicago: University of Chicago Press.

——1995. *Discipline and Punish*. Translated by Alan Sheridan, New York: Vintage Books.

——1997. *The Politics of Truth*. Translated by Lysa Hochroth and C. Porter. Los Angeles: Semiotext(e).

——1998. "Polemics, Politics and Problematizations." In *Essential Works of Foucault*, edited by Paul Rabinow, vol. 1 of *Ethics*, 111-19. New York: New Press.

——2001. *Fearless Speech*. Los Angeles: Semiotext(e).

——2003. *Society Must Be Defended: Lectures at the College de France: 1975-1976*. Translated by David Macey. New York: Picador.

——2007. *Security, Territory, Population*: *Lectures at the College de France*: *1977-1978*. Translated by Graham Burchell, New York: Picador.

——2008. *The Birth of Biopolitics*: *Lectures at the College de France*: *1978-1979*. Translated by Graham Burchell, New York: Palgrave MacMillan.

——2010, *The Government of Self and Others*: *Lectures at the College de France*: *1982-1983*. Translated by Graham Burchell, New York: Picador.

——2011. *The Courage of the Truth (The Government of Self and Others II)*: *Lectures at the College de France 1983-1984*. Translated by Graham Burchell, New York. Palgrave Macmillan.

——2015. *"Parrhesia."* Translated by Graham Burchell. Critical Inquiry 41 (2): 219-53.

Frankfurt, Harry. 2009. "On Truth, Lies, and Bullshit." In *The Philosophy of Deception*, edited by Clancy Martin, 37-48, New York: Oxford University Press.

Geertz, Clifford. 2001. *Available Light*: *Anthropological Reflections on Philosophical Topics*. Princeton, NJ: Princeton University Press.

Gibson-Graham, J.K. 2003. "An Ethics of the Local." *Rethinking Marxism* 15 (1): 49-74.

——2014. "Being the Revolution, or, How to Live in a 'More-than-Capitalist' World Threatened with Extinction." *Rethinking Marxism* 26 (1): 76-94.

Giroux, Henry. 2014. "Public Intellectuals Against the Neoliberal University." In *Qualitative Inquiry Outside the Academy*, edited by Norman Denzin and Michael Giardina.35-60.Walnut Creek, CA: Left Coast Press.

Harvey, David. 1991. *The Condition of Postmodernity*: *An Enquiry into the Origins of Cultural Change*. New York: Wiley-Blackwell.

——2001. *Spaces of Capital*: *Towards a Critical Geography*. Routledge: New York.

Hunter, Ian. 1994. *Rethinking the School*: *Subjectivity, Bureaucracy Criticism*. Sydney Australia: Allen & Unwin Publishers.

Kenway, Jane, and Anna Hickey-Moody. 2011. "Life Chances, Lifestyle and Everyday Aspirational Strategies and Tactics." *Critical Studies in Education* 52 (2): 151-63.

Kincheloe, Joe, and Peter McLaren. 2005. "Rethinking Critical Theory and

Qualitative Research." In *The Sage Handbook of Qualitative Research*, 3rd ed, edited by Norman Denzin and Yvonna Lincoln, 303 - 42. London: Sage Publications.

Kisby, Ben. 2014. "Citizenship Education in England in an Era of Perceived Globalization Recent Developments and Future Prospects." In *Citizenship Education Around the World: Local Contexts and Global Possibilities*, edited by John Petrovic and Aaron Kuntz, 1-22. New York: Routledge.

Kuhn, Lesley. 2008. "Complexity and Educational Research: A Critical Reflection." *Educational Philosophy and Theory* 40(1):177-89.

Kuntz, Aaron. 2011a. "Science, Health, and Nationhood: Methodological Pathology in an Era of Conservative Modernization." *International Review of Qualitative Research* 4(3):199-218.

——2011b. "The Work of the Criticalist: Critical Civic Literacy and Intervention in Class Processes." In *Critical Civic Literacy: A Reader*, edited by Joe Devitis, 169-79. New York: Peter Lang.

——2015. "Critical and Poststructural Forms of Inquiry: Social Justice Through Productive Critique." In *Critical Qualitative Inquiry: Foundations and Futures*, edited by Gaile Cannella, Michelle Perez, and Penny Pasque, 113-38. Walnut Creek CA: Left Coast Press.

Kuntz, Aaron, and John Petrovic. 2011. "The Politics of Survival in Foundations of Education: Borderlands, Frames, and Strategies." *Educational Studies* 47 (2): 174-97.

——2014. "Reading Citizenship Education in Neoliberal Times." In *Citizenship Education Around the World: Local Contexts and Global Possibilities*, edited by J. Petrovic and A. Kuntz, 237-52. New York: Routledge Press.

Kuntz, Aaron, and Marni Presnall. 2012. "Distancing the Interview: Coming to Sense in Material Intra-action." *Qualitative Inquiry* 18 (9):732-44.

Kuntz, Aaron, Ryan Gildersleeve, and Penny Pasque. 2011. "Obama's American Graduation Initiative: Race, Conservative Modernization, and a Logic of Abstraction." *Peabody Journal of Education* 86:488-505.

Lakoff, George. 2007. *The Political Mind: Why You Can't Understand 21st-CenturyAmerican Politics with an 18th-Century Brain*. New York: Viking Press.

Lather, Patti. 2007. *Getting Lost: Feminist Efforts Toward a Double(d) Science*. Albany State University of New York Press.

Leask, Ian. 2011. "Beyond Subjection: Notes on the Later Foucault and Education." *Educational Philosophy and Theory* 44: 1-17.

Lemke, Thomas. 2011. "Critique and Experience in Foucault." *Theory, Culture, Society* 28(4): 26-48.

Lincoln, Yvonna, and Gaile Cannella. 2004. "Dangerous Discourses: Methodological Conservatism and Qualitative Research." *Qualitative Inquiry* 10 (1): 5-14.

Lord, Brian. 1994. "Teachers' Professional Development: Critical Colleagueship and the Role of Professional Communities." In *The Future of Education: Perspectives on National Standards in America*, edited by Nina Cobb, 175-204. New York: College Entrance Examination Board.

Marcus, George, and Michael Fischer. 1999. *Anthropology as Cultural Critique: An Experimental Moment in the Human Sciences*. Chicago: University of Chicago Press.

Marx, Karl. 1977. *Capital: A Critique of Political Economy*, vol. 1: *Capital: A Critique of Political Economy*. Translated by Ben Fowkes. New York: Random House.

Mazzei, Lisa, and Alecia Youngblood-Jackson. 2009. "Introduction: The Limit of Voice." In *Voice in Qualitative Inquiry: Challenging Conventional, Interpretive, and Critical Conceptions in Qualitative Inquiry*, edited by Lisa Mazzei and Alecia YoungbloodJackson, 1-13. New York: Routledge.

McLaren, Peter. 1995. *Critical Pedagogy and Predatory Culture: Oppositional Politics in a Postmodern Era*. New York: Routledge.

Olssen, Mark, and Michael Peters. 2005. "Neoliberalism, Higher Education and the Knowledge Economy: From the Free Market to Knowledge Capitalism." *Journal of Education Policy* 20 (3): 313-45.

Papadopoulos, Dimitris. 2010. "Activist Materialism." *Deleuze Studies* 4: 64-83.

Pasque, Peny, Rozana Carducci, Aaron Kuntz, and Ryan Gildersleeve. 2012. *Qualitative Inquiry for Equity in Higher Education: Methodological Implications, Negotiations, and Responsibilities*. San Francisco: Jossey-Bass.

Patton, Paul. 2010. "Activism, Philosophy, and Actuality in Deleuze and Foucault." *Deleuze Studies* 4: 84-103.

Pearce, Cathie, and Maggie MacLure. 2009. "The Wonder of Method." *International Journal of Research and Method in Education* 32(3):249-65.

Peim, Nick. 2009. "Thinking Resources for Educational Research Methods and Methodology." *International Journal of 'Research and Method in Education* 32 (3):235-48

Pillow, Wanda. 2003. "'Bodies Are Dangerous': Using Feminist Genealogy as Policy Studies Methodology." *Journal of Education Policy* 18(2):145-59.

Resnick, Stephen, and Richard Wolff. 1987. *Knowledge and Class: A Marxian Critique of Political Economy.* Chicago: University of Chicago Press.

Rice, J. A., and Michael Vastola. 2011. "Who Needs Critical Agency?: Educational Research and the Rhetorical Economy of Globalization." *Educational Philosophy and Theory* 43(2):148-61.

Roberts, Peter. 2014. "Tertiary Education and Critical Citizenship." In *Citizenship Education Around the World: Local Contexts and Global Possibilities*, edited by John Petrovic and Aaron Kuntz, 220-36. New York: Routledge.

Rosaldo, Renaldo. 1993. *Culture and Truth: The Remaking of Social Analysis.* New York. Beacon Press.

Ross, Alison. 2008. "Why is 'Speaking the Truth' Fearless? 'Danger' and 'Truth' in Foucault's Discussion of *Parrhesia*." *Parrhesia* 4:62-75.

Rudolph, John. 2014. "Why Understanding Science Matters: The IES Research Guidelines as a Case in Point." *Educational Researcher* 43(1):15-18.

Sharpe, Scott. 2014. "Potentiality and Impotentiality in J. K. Gibson-Graham." *Rethinking Marxism* 26(1):27-43.

Simons, Maarten, Jan Masschelein, and K. Quaghebeur. 2005. "The Ethos of Critical Research and the Idea of a Coming Research Community." *Educational Philosophy and Theory* 37 (6):817-32.

Simpson, Zachary. 2012. "The Truths We Tell Ourselves: Foucault on *Parrhesia*." *Foucault Studies* 13:99-115.

Smith, Daniel. 2007. "Deleuze and the Question of Desire: Toward an Immanent Theory of Ethics." *Parrhesia* 2:66-78.

St, Pierre, Elizabeth. 1997. "Circling the Text: Nomadic Writing Practices." *Qualitative Inquiry* 3(4):403-18.

Steele, Brent. 2010. "Of 'Witch's Brews' and Scholarly Communities: The Dangers and Promise of Academic *Parrhesia.*" *Cambridge Review of International Affairs* 23 (1):49-68.

Stronach, Ian. 2010. *Globalizing Education, Educating the Local*: *How Method Made Us Mad.* London: Routledge.

Svirsky, Marcelo. 2010. "Defining Activism." *Deleuze Studies* 4: 163-82.

Wacquant, Loic, 2004. *Body Soul*: *Notebooks of an Apprentice Boxer.* Oxford: Oxford University Press.

Willis, Paul. 1977. *Learning to Labor*: *How Working-Class Kids Get Working-Class Jobs.* New York: Colombia University Press.

Youngblood Jackson, Alecia, and Lisa Mazzei. 2012. *Thinking with Theory in Qualitative Research*: *Viewing Data Across Multiple Perspectives.* London: Routledge.

译者说明

　　这本书探讨与提倡的"新唯物主义"（new materialism）探究路径指向西方学界近十年来新兴的新唯物主义思潮，有别于我国学界自20世纪80年代以来开展的马克思主义哲学的新唯物主义研究。马克思在《关于费尔巴哈的提纲》中使用了"新唯物主义"概念，强调所唯之"物"并非与人无关的自然之物，而是通过人的实践活动所理解和把握之物。本书谈论的"新唯物主义"与之没有传承关系，更多地是基于量子力学、分子生物学以及编码信息等领域的新近研究发现，彰显非人化的物质实践所具有的永恒的、流变不拘的、没有方向的"力"。对这种"力"的认识消弭了人与非人、主体与客体、思想与身体、物质与话语之间的二元对立，由此打破了人本主义主体的静态性和封闭性，成为后人类主义的重要哲学支撑。这种具有颠覆性的"力"也被本书作者用作挑战质性研究方法论之程式化与封闭性的突破口。

　　不过我们需要认识到，在某种程度上讲，西方当下的新唯物主义对独立于所谓实践主体——人——的物质实在性的强调背离了我国学界中"马克思新唯物主义"的主体观与实践观。即便本书作者多次提到他所推崇的"新唯物主义"与马克思理论中的一些概念范畴存在一定的关联，但其论述带有较为鲜明的西方马克思主义的理论色彩，将批判与解放理解为拓宽探知过程的无限开放性，缺乏马克思对阶级社会及其实践问题的关注。读者在阅读过程中需要注意区分这两种对"新唯物主义"概念的使用。

图书在版编目(CIP)数据

质性探究、真相讲述与研究责任：一位方法论学者
的思考与批判 / (美) 亚伦·孔茨 (Aaron Kuntz) 著；
王熙译 . -- 重庆：重庆大学出版社，2025. 4. -- (万
卷方法). -- ISBN 978-7-5689-5072-5

Ⅰ. C3

中国国家版本馆 CIP 数据核字第 2025SZ4065 号

质性探究、真相讲述与研究责任：
一位方法论学者的思考与批判

ZHIXING TANJIU、ZHENXIANG JIANGSHU YU YANJIU ZEREN：
YIWEI FANGFALUN XUEZHE DE SIKAO YU PIPAN

〔美〕亚伦·孔茨（Aaron Kuntz） 著

王 熙 译

策划编辑：林佳木

责任编辑：石 可　　版式设计：石 可
责任校对：关德强　　责任印制：张 策

*

重庆大学出版社出版发行
出版人：陈晓阳
社址：重庆市沙坪坝区大学城西路 21 号
邮编：401331
电话：(023)88617190　88617185(中小学)
传真：(023)88617186　88617166
网址：http://www.cqup.com.cn
邮箱：fxk@cqup.com.cn(营销中心)
全国新华书店经销
重庆华林天美印务有限公司印刷

*

开本：890mm×1240mm　1/32　印张：6.125　字数：150 千
2025 年 4 月第 1 版　　2025 年 4 月第 1 次印刷
ISBN 978-7-5689-5072-5　定价：45.00 元

The responsible methodologist: inquiry, truth-telling, and social justice /
Aaron Kuntz.

978-1-61132-369-6

版贸核渝字(2022)第 098 号